COLEÇÃO

INTELIGÊNCIA ARTIFICIAL

O GLOSSÁRIO DEFINITIVO DA

INTELIGÊNCIA ARTIFICIAL

PARTE 1– de A a D

Prof. Marcão – Marcus Vinícius Pinto

Aviso de isenção de responsabilidade:

Observe que as informações contidas neste documento são apenas para fins educacionais e de entretenimento. Todos os esforços foram feitos para fornecer informações completas precisas, atualizadas e confiáveis. Nenhuma garantia de qualquer tipo é expressa ou implícita.

Ao ler este texto, o leitor concorda que, em nenhuma circunstância, os autores são responsáveis por quaisquer perdas, diretas ou indiretas, incorridas como resultado do uso das informações contidas neste livro, incluindo, mas não se limitando, a erros, omissões ou imprecisões.

ISBN: **9798343221619**

Selo editorial: Independently published

Sumário

Seja bem-vindo!

A Inteligência Artificial (IA) tem se tornado uma força transformadora em quase todas as áreas da sociedade moderna, desde a automação industrial até a personalização de serviços digitais. No entanto, compreender essa tecnologia em toda a sua profundidade pode ser desafiador, especialmente em um campo em constante evolução e repleto de novos termos e conceitos técnicos.

É com esse cenário em mente que apresentamos "O Glossário Definitivo da Inteligência Artificial - Parte 1", um volume que faz parte da coleção "Inteligência Artificial: O Poder dos Dados", disponível na Amazon.

Este livro foi cuidadosamente desenvolvido para proporcionar clareza e entendimento sobre os principais conceitos da IA abordando-os de maneira estruturada e acessível. Cada capítulo é organizado alfabeticamente, iniciando pelos termos da letra "A" e avançando até a letra "D".

A proposta deste glossário é oferecer definições precisas e detalhadas, com explicações que vão além da teoria, trazendo exemplos práticos e aplicações no mundo real. O objetivo é que cada leitor, independentemente de seu nível de conhecimento prévio, possa encontrar aqui uma base sólida para entender os fundamentos que moldam a IA.

Este livro é destinado a um amplo público, refletindo a natureza multidisciplinar da Inteligência Artificial:

 - Estudantes de tecnologia e ciências exatas: encontrarão explicações claras para termos complexos, facilitando seus estudos e pesquisas.

- Profissionais de tecnologia (desenvolvedores, engenheiros de software e cientistas de dados): terão um guia confiável para expandir seu vocabulário técnico e entender os termos mais usados em suas áreas.

- Gestores e líderes empresariais: poderão usar o glossário para entender conceitos essenciais e aplicá-los de forma estratégica ao implementar soluções de IA em suas organizações.

- Políticos, reguladores e profissionais de políticas públicas: terão uma ferramenta útil para compreender as nuances da IA em governança, regulamentação e privacidade.

Um dos pilares da Inteligência Artificial, explorado em profundidade neste glossário, é o papel dos dados. Dados são a essência da informação, e a informação, por sua vez, é a base sobre a qual todo o conhecimento gerado pela IA se constrói.

Sem dados, a IA é uma tecnologia vazia, incapaz de gerar valor. São os dados, corretamente coletados e analisados, que permitem que os sistemas de IA aprendam, evoluam e façam previsões que impactam áreas como medicina, finanças e segurança pública.

Seja você um estudante que deseja se aprofundar no universo da IA, um profissional que busca aprimorar suas habilidades ou um líder que precisa tomar decisões estratégicas, "O Glossário Definitivo da Inteligência Artificial - Parte 1" é um recurso indispensável para o seu crescimento.

A complexidade da IA é vasta, mas com a compreensão correta, você estará preparado para explorar as inúmeras oportunidades que essa tecnologia oferece.

Este volume é parte de uma coleção maior, "Inteligência Artificial: O Poder dos Dados", com 49 volumes que exploram, em profundidade, diferentes aspectos da IA e da ciência de dados.

Os demais volumes abordam temas igualmente cruciais, como a integração de sistemas de IA, a análise preditiva e o uso de algoritmos avançados para tomada de decisões.

Ao adquirir e ler os demais livros da coleção, disponíveis na Amazon, você terá uma visão holística e profunda que permitirá não só otimizar a governança de dados, mas também potencializar o impacto da inteligência artificial nas suas operaçõesBoa leitura!

Bons aprendizados!

Prof. Marcão - Marcus Vinícius Pinto

Mestre em Tecnologia da Informação
Especialista em Tecnologia da Informação.
Consultor, Mentor e Palestrante sobre Inteligência Artificial,
Arquitetura de Informação e Governança de Dados.
Fundador, CEO, professor e
orientador pedagógico da MVP Consult.

1 Letra A.

1. Abstractive Summarization - Geração de resumos que interpretam e reproduzem o conteúdo original usando novas expressões, em vez de apenas extrair partes do texto fonte.

2. Abstractive Text Summarization - Criação de resumos que podem conter frases que não estão presentes no texto original, mas que capturam a essência das informações de forma concisa e legível.

3. Abusive Language Detection - Identificação de linguagem abusiva, incluindo xingamentos, assédio e discurso de ódio, o que é importante para a moderação de conteúdo em plataformas online.

4. Accent Recognition - Reconhecimento de padrões de pronúncia distintos que caracterizam diferentes sotaques, útil para personalizar sistemas de reconhecimento de voz e modelos de TTS.

5. Acoustic Modeling - Criação de modelos que relacionam sinais de áudio com unidades linguísticas, fundamental para reconhecimento de fala e TTS.

6. Action Space - Em aprendizado por reforço, o espaço de todas as ações possíveis que um agente pode tomar; a teoria da máquina de Turing oferece a base para entender o processamento de sequências de ações.

7. Activation Function - Função usada em uma rede neural para determinar a saída de um nó.

8. Activation Function - Função usada em uma rede neural para determinar a saída de um neurônio, baseada em alguma combinação dos neurônios de entrada.

9. Active Learning - Estratégia de aprendizado de máquina em que o modelo é treinado iterativamente, solicitando rótulos para as instâncias de dados mais informativas.

10. Active Learning - Método de aprendizado de máquina em que o sistema interativamente consulta um usuário (ou outro sistema) para anotar dados com as etiquetas desejadas, útil quando os dados rotulados são escassos.

11. Active Learning - Técnica de aprendizado semi-supervisionado que permite ao modelo selecionar os dados dos quais aprender, melhorando o aprendizado com um menor volume de dados rotulados.

12. Active Learning - Um paradigma de aprendizado de máquina onde o algoritmo pode selecionar os dados dos quais ele quer aprender, geralmente usado quando rotular dados é caro ou demorado.

13. Active Sampling - Estratégia em aprendizado ativo onde o modelo seleciona ativamente os exemplos mais informativos para solicitar a anotação, a fim de melhorar a eficiência do aprendizado com um orçamento de anotações limitado.

14. AdaBoost - Algoritmo de aprendizado de máquina, inventado por Yoav Freund e Robert Schapire.

É um algoritmo meta-heurístico, e pode ser utilizado para aumentar a performance de outros algoritmos de aprendizagem. O nome "AdaBoost" deriva de Adaptive Boosting (em português, impulso ou estímulo adaptativo).

O AdaBoost é adaptável no sentido de que as classificações subsequentes feitas são ajustadas a favor das instâncias classificadas negativamente por classificações anteriores.

O AdaBoost é sensível ao ruído nos dados e casos isolados. Entretanto para alguns problemas é menos suscetível a perda da capacidade de generalização após o aprendizado de muitos padrões de treino (overfitting) do que a maioria dos algoritmos de aprendizado de máquina.

15. Adaptive Glossary Creation - Criação de glossários adaptativos que usam NLP para compilar e atualizar automaticamente termos e definições relevantes dentro de um campo específico ou conjuntos de documentos.

16. Adaptive Learning - Abordagem de aprendizado de máquina onde o modelo se ajusta dinamicamente à medida que recebe informações novas ou muda o ambiente.

17. Adaptive Machine Translation - Tradução automática que se ajusta ao estilo ou preferências do usuário ou às particularidades de um determinado domínio ou gênero textual.

18. Adaptive Text Generation - Criação de texto que pode se adaptar automaticamente ao contexto do usuário ou a parâmetros específicos, como estilo, formalidade ou emoção.

19. Adversarial Examples - Entradas manipuladas intencionalmente para enganar os modelos de IA revelando vulnerabilidades que podem ser exploradas para melhorar a robustez.

20. Adversarial Examples - Exemplos de dados que são especificamente projetados para enganar modelos de IA, geralmente através de perturbações imperceptíveis que levam a classificações incorretas.

21. Adversarial Examples in NLP - Entradas de texto construídas especialmente para enganar modelos de NLP e exposição de vulnerabilidades, muitas vezes levando à melhoria da robustez do modelo.

22. Adversarial ML - The study of the vulnerabilities of machine learning algorithms to adversarial inputs designed to cause them to malfunction, with potential privacy implications.

23. Affection-aware NLP - Desenvolvimento de sistemas de NLP que reconhecem e respondem às expressões de afeto ou emoções nos usuários, melhorando a relação humano-máquina.

24. Affective Computing - Um ramo da NLP e da inteligência artificial que lida com o reconhecimento, interpretação e simulação de emoções humanas.

25. Affine Transformation in Image Processing - Uma técnica de processamento de imagens que realiza transformações geométricas como rotação, escala, translação e inclinação, preservando colinearidade e razões de distância.

26. Affinity Analysis - Processo de identificar padrões de co-ocorrência em dados, frequentemente usado em análise de cestas de mercado e recomendação de produtos.

27. Affinity Propagation - Método de clustering que identifica representantes exemplares entre os dados sem pré-especificar o número de clusters.

28. AGI - Artificial General Intelligence - É um tipo de inteligência artificial (IA) que pode ter um desempenho tão bom ou melhor que os humanos em uma ampla gama de tarefas cognitivas.

    Isso contrasta com a IA restrita, que é projetada para tarefas específicas. [2] AGI é considerada uma das várias definições de IA forte.

    Criar AGI é o objetivo principal da pesquisa em IA e de empresas como OpenAI, DeepMind e Anthropic.

    Uma pesquisa de 2020 identificou 72 projetos ativos de P&D em AGI espalhados por 37 países. O cronograma para alcançar a AGI continua a ser um tema de debate contínuo entre investigadores e especialistas.

    A partir de 2023, alguns argumentam que isso pode ser possível em anos ou décadas; outros afirmam que pode demorar um século ou mais; e uma minoria acredita que isso poderá nunca ser alcançado.

    Há um debate sobre a definição exata de AGI e sobre se os modelos modernos de grandes linguagens (LLMs), como o GPT-4, são formas iniciais e incompletas de AGI.

AGI é um tópico comum em ficção científica e estudos de futuro. AGI (Artificial General Intelligence) - O objetivo a longo prazo de criar sistemas que possam atingir a inteligência humana em todas as tarefas, um conceito perseguido desde o início da pesquisa em IA.

29. Agregação de Dados - O processo envolve coletar e agrupar dados em um formato compacto e compreensível. Os dados agregados são mais fáceis de entender e geralmente representam visões estatísticas.

30. AI Ethics - O campo de estudo que se preocupa com a forma como os sistemas artificialmente inteligentes devem ser concebidos e utilizados, incluindo considerações de privacidade e proteção de dados pessoais.

31. AI for Social Good - Iniciativas que aplicam IA para resolver problemas sociais e humanitários, como previsão de desastres naturais, assistência em saúde pública e educação.

32. AI in Agriculture - A implementação Collaborative Robotics - Surgimento de robôs que trabalham lado a lado com humanos, melhorando a segurança e eficiência em ambientes de trabalho, integrando avanços de IA.

33. AI in Law - A introdução de IA no setor legal para análise e predição de resultados judiciais, melhorando a eficiência e a precisão na pesquisa de casos.

34. AI Winter - Períodos na história da IA (anos 70 e 80) caracterizados por ceticismo e redução de investimento na área.

35. AI-based Language Tutoring - Tutoria de idiomas baseada em inteligência artificial que utiliza NLP para proporcionar experiências de aprendizado personalizadas e adaptáveis.

36. Ajuste de hiperparâmetros - Ao treinar modelos de machine learning, os conjuntos de dados e os modelos precisam de conjuntos diferentes de hiperparâmetros, que são um tipo de variável.

A única maneira de determiná-los é por meio de vários experimentos, em que você escolhe um conjunto de hiperparâmetros e os executa em seu modelo. Isso é chamado de ajuste de hiperparâmetros.

Em essência, você está treinando seu modelo sequencialmente com diferentes conjuntos de hiperparâmetros. Esse processo pode ser manual ou você pode escolher um dos vários métodos automatizados de ajuste de hiperparâmetros.

37. Alan Turing - matemático, cientista da computação, lógico, criptoanalista, filósofo e biólogo teórico britânico.

Turing foi altamente influente no desenvolvimento da moderna ciência da computação teórica, proporcionando uma formalização dos conceitos de algoritmo e computação com a máquina de Turing, que pode ser considerada um modelo de um computador de uso geral.

Ele é amplamente considerado o pai da ciência da computação teórica e da inteligência artificial.

Apesar dessas realizações ele nunca foi totalmente reconhecido em seu país de origem durante sua vida por ser homossexual e porque grande parte de seu trabalho foi coberto pela Lei de Segredos Oficiais.

38. ALBERT - A Lite BERT (Uma versão mais leve do BERT).

39. Alexa - Assistente virtual da Amazon lançado em 2014, que evidencia o progresso da IA na compreensão e resposta a comandos de voz naturais.

40. Álgebra de Mapa - Conjunto de operação aplicadas a raster para realizar análises espaciais e manipulação de dados.

41. Algoritmo - Conjunto de regras sequenciais que orientam a resolução de problemas. Um algoritmo é uma sequência de instruções ou comandos realizados de maneira sistemática com o objetivo de resolver um problema ou executar uma tarefa.

A palavra "algoritmo" faz referência ao matemático árabe Al Khwarizmi, que viveu no século IX, e descreveu regras para equações matemáticas.

Pense nos algoritmos como receitas de bolo: uma sequência de ações que devem ser executadas para que o objetivo final — o bolo pronto — seja atingido. Eles são aplicados em tarefas simples do dia a dia e também em programas computacionais complexos.

Por exemplo:

✓ Motores de Busca (Google):

1. O algoritmo do motor de busca do Google organiza os resultados das pesquisas com base em diversos cálculos.

2. Fatores como a qualidade e atualidade do conteúdo, o site onde está o conteúdo e o tempo que as pessoas passam na página influenciam a ordem dos resultados.

3. Esse algoritmo é complexo e passa por atualizações para oferecer melhores resultados aos usuários.

✓ Redes Sociais:

1. O Facebook, Instagram e Twitter utilizam algoritmos para personalizar os feeds de notícias.

2. As postagens e anúncios exibidos são selecionados com base no comportamento do usuário.

3. O algoritmo do Facebook, chamado de EdgeRank, considera fatores como curtidas, interações e compartilhamentos para mostrar conteúdos relevantes.

✓ Spotify:

1. O aplicativo utiliza algoritmos para criar playlists personalizadas.

2. A playlist "Descobertas da semana" apresenta músicas que o usuário ainda não ouviu, mas que são compatíveis com seu gosto musical.

42. Algoritmos de Clusterização Espacial - Técnicas que agrupam dados com base em sua similaridade espacial para identificar regiões de interesse ou padrões.

43. Algoritmos Genéticos - Um algoritmo genético (AG) é uma técnica de busca utilizada na ciência da computação e em investigação operacional para encontrar soluções aproximadas em problemas de otimização e busca.

Essa abordagem é fundamentada principalmente pelo americano John Henry Holland.

Aqui estão os principais pontos sobre algoritmos genéticos:

Visão Geral:
- Os algoritmos genéticos são implementados como uma simulação de computador.

- Começam com um conjunto de soluções criado aleatoriamente e evoluem por meio de gerações.

- A cada geração, a adaptação de cada solução é avaliada, indivíduos são selecionados para a próxima geração e recombinados ou mutados para formar uma nova população.

Diferenças em relação a algoritmos tradicionais de otimização:
- Baseiam-se em uma codificação do conjunto de soluções possíveis, não nos parâmetros da otimização em si.

- Apresentam resultados como uma população de soluções, não apenas uma solução única.

- Não exigem conhecimento específico do problema, apenas uma forma de avaliar os resultados.

- Usam transições probabilísticas, não regras determinísticas.

Componentes Principais:

- Função-objetivo. É o objeto da otimização. Pode ser um problema específico, um conjunto de teste ou uma "caixa preta" que retorna um valor a ser otimizado.

- Indivíduo. Representa um código genético.

- Os algoritmos genéticos são inspirados no princípio darwiniano da evolução das espécies e na genética. Eles fornecem um mecanismo de busca adaptativa baseado no princípio de sobrevivência dos mais aptos e na reprodução123.

  Algoritmos Genéticos em GIS - Aplicação de algoritmos de otimização inspirados pela evolução natural para resolver problemas complexos de geoprocessamento.

44. Allen Institute for AI (AI2) - Instituto de pesquisa em inteligência artificial fundado por Paul Allen, em Seattle, EUA.

45. AlphaFold - AlphaFold é um sistema de inteligência artificial desenvolvido pelo Google DeepMind que prevê a estrutura tridimensional de proteínas a partir de sua sequência de aminoácidos. Essa tecnologia revolucionária tem sido amplamente reconhecida por sua precisão e velocidade na predição de estruturas proteicas.

46. AlphaGo - Programa de IA da DeepMind que derrotou o campeão mundial de Go, Lee Sedol, em 2016.

47. AlphaGo - Uma IA desenvolvida pela DeepMind que derrotou campeões humanos no jogo de tabuleiro Go, marco do aprendizado por reforço e redes neurais profundas. O principal destaque foi sua vitória sobre o campeão mundial de Go, Lee Sedol, em 2016.

48. Ambiguity Resolution - O processo de esclarecer ambiguidades no texto, como palavras com múltiplos significados, com base no contexto circundante.

49. Análise de Acessibilidade - Estudo do grau de facilidade com que diferentes locais podem ser alcançados a partir de um ponto específico, frequentemente utilizando algoritmos de IA para otimização de rotas e recursos.

50. Análise de Componentes Principais - Procedimento estatístico que utiliza transformação ortogonal para converter um conjunto de observações de variáveis possivelmente correlacionadas em um conjunto de valores de variáveis linearmente não correlacionadas.

51. Análise de dados - O processo de divisão de dados em elementos menores para fácil armazenamento ou manipulação.

52. Análise de Padrões de Candlestick - O Candlestick é um gráfico utilizado por traders para analisar a variação entre os preços de abertura e fechamento de ativos em um determinado período. O termo "candle" significa "vela" em português, e esse gráfico está relacionado à sua origem.

53. Análise de Rede - Estudo da conectividade e do acesso em redes geoespaciais, como sistemas de transporte, usando IA para otimização de rotas e análise de fluxo.

54. Análise de Séries Temporais - A análise de séries temporais é uma técnica estatística utilizada para estudar padrões, tendências e comportamentos em conjuntos de dados ao longo do tempo. Essa área de estudo é amplamente aplicada em diversos campos, como economia, finanças, meteorologia, marketing e muitos outros.

55. Análise de texto - O processo de conversão de dados de texto não estruturados em dados significativos para análise para medir opiniões de clientes, avaliações de produtos, feedback, para fornecer facilidade de pesquisa, análise de sentimento e modelagem de entidade para apoiar a tomada de decisão baseada em fatos.

56. Análise Espacial - Exame de padrões geográficos para entender melhor os processos e tendências relacionados ao espaço físico.

57. Análise GeoCombinatória - Resolução de problemas complexos de combinações e permutações com componentes geoespaciais, como otimização de rotas e zoneamento.

58. Análise Preditiva - O uso de dados, algoritmos estatísticos e técnicas de aprendizado de máquina para identificar a probabilidade de resultados futuros com base em dados históricos.

59. Análise Preditiva Espacial - Uso de modelos de aprendizado de máquina para prever eventos ou condições futuras em diferentes localizações geográficas.

60. Análise semântica - Processo de compreensão do significado e interpretação de palavras, frases e frases no contexto da linguagem.

61. Resolução de Anáfora é um processo-chave na compreensão textual que diz respeito à identificação e ao esclarecimento da referência de um pronome ou outro tipo de termo anafórico a uma entidade específica dentro de um corpo de texto.

Este processo não é meramente uma função mecânica da linguagem, mas uma empreitada determinada pelo intricado entrelaçamento do discurso, pela compreensão do contexto e pela interpretação da intencionalidade do autor.

Ao explorarmos um texto, nos deparamos com inúmeros exemplos de termos anafóricos. Pronomes como "ele", "ela", "isso", "eles", e termos mais sutis como "dito", "tal" ou "o mesmo", são índices que apontam para outras partes do texto ou para ideias previamente mencionadas.

A Anáfora é, portanto, uma ferramenta linguística de coesão, um elo que liga diferentes componentes do texto, permitindo uma leitura fluida e coerente.

A Resolução de Anáfora ganha especial importância no campo da Linguística Computacional e da Inteligência Artificial, onde algoritmos e modelos de aprendizado de máquina são construídos para interpretar texto de maneira autônoma.

Estes sistemas são desafiados a determinar as referências corretas dos termos anafóricos, um passo crucial para alcançar uma verdadeira compreensão do texto e para realizar tarefas que dependem de uma interpretação precisa do discurso, como resumo automático, tradução de máquina e assistentes conversacionais.

No entanto, a resolução eficaz desta tarefa não se dá sem obstáculos. Um pronome pode referir-se a múltiplas entidades, e a ambiguidade inerente à linguagem humana torna a tarefa de desvendar a referência correta um desafio substancial.

A complexidade se amplifica quando o texto é permeado por sutilezas culturais, nuances idiomáticas e o jogo de inferências necessário para entender frases implícitas ou não literais.

Abordar essas questões envolve uma mistura de análise sintática, semântica e até mesmo pragmática. Do ponto de vista sintático, o algoritmo ou o intérprete humano deve reconhecer a estrutura gramatical do texto e usar essa estrutura para informar as possíveis referências para o pronome.

Semântica, o ramo da linguagem que lida com significado, entra em jogo quando o sistema deve compreender o que as palavras realmente significam no contexto, que tipo de entidade poderia logicamente preencher o papel indicado pelo termo anafórico.

A inferência pragmática pode exigir conhecimento do mundo externo, compreensão das normas sociais, reconhecimento das intenções do autor e até mesmo uma apreensão do estado emocional dos personagens dentro da narrativa.

62. ANN - Artificial Neural Network (Rede Neural Artificial) - Modelos computacionais inspirados no cérebro humano que são fundamentais no desenvolvimento de tarefas complexas de IA.

63. Annotation Tool Development - Desenvolvimento de ferramentas de anotação que facilitam o trabalho manual de rotular dados de texto para treinamento de modelos de NLP, abrangendo funcionalidades como colaboração, gestão de fluxo de trabalho e ricos esquemas de anotação.

64. Anomaly Detection - Tarefa de identificação de dados anômalos que diferem de maneira significativa da maioria dos dados, importante para detecção de fraude e monitoramento de sistemas.

65. Anomaly Detection in Text - Identificação de padrões de texto que desviam do comportamento normal, como possíveis fraudes, erros de transcrição ou conteúdo mal-intencionado.

66. Anonimização de dados - Um tipo de higienização da informação para privacidade que transforma irreversivelmente as PII para que as pessoas descritas pelos dados permaneçam anônimas.

67. API - Application Programming Interface (Interface de Programação de Aplicativos) - Um conjunto de definições de sub-rotina, protocolos de comunicação e ferramentas para construção de software e aplicativos.

68. Aprendizado de Máquina Não Supervisionado para Segmentação de Imagens - Abordagem em que algoritmos

26

identificam padrões e estruturam dados de imagem sem a necessidade de entrada humana.

69. Aprendizado não supervisionado - Um tipo de algoritmo de aprendizado de máquina usado para extrair inferências de conjuntos de dados que consistem em dados de entrada sem respostas rotuladas.

70. Aprendizado por Reforço - Uma área de aprendizado de máquina preocupada em como os agentes devem tomar ações em um ambiente para maximizar alguma noção de recompensa cumulativa.

71. Aprendizado supervisionado - Um tipo de algoritmo de aprendizado de máquina que usa conjuntos de dados rotulados para treinar algoritmos que classificam dados ou preveem resultados com precisão.

72. Aprendizagem Online - Um método de aprendizado de máquina no qual os dados ficam disponíveis em uma ordem sequencial e são usados para atualizar o melhor preditor para dados futuros.

73. Aprendizagem semi-supervisionada - Uma classe de aprendizado de máquina que se enquadra entre o aprendizado supervisionado e o aprendizado não supervisionado, onde o sistema aprende a partir de um conjunto de dados que inclui dados rotulados e não rotulados, geralmente uma pequena quantidade do primeiro e uma grande quantidade do segundo.

74. Area Under the ROC Curve (AUC - ROC) - Métrica que mede a capacidade de um classificador de distinguir entre classes e é

usada como resumo da curva característica de operação do receptor (ROC).

75. Argument Mining - Processo automático de identificação e estruturação de argumentos em textos, que inclui a detecção de reivindicações e premissas e suas relações.

76. Argument Mining from Legal Texts - Mineração de argumentos em textos legais, com o objetivo de extrair raciocínios, evidências e padrões de argumentação utilizados em casos e decisões judiciais.

77. Argumentative Writing Analysis - Análise de textos com o objetivo de identificar a estrutura dos argumentos neles contidos, avaliar a força dos argumentos e detectar falácias ou inconsistências lógicas.

78. ARIMA - Autoregressive Integrated Moving Average (Médias Móveis Integradas e Autoregressivas).

79. Artificial Intelligence (AI) – Inteligência Artificial - Ramo da ciência da computação voltado para o desenvolvimento de sistemas capazes de executar tarefas que normalmente requerem inteligência humana.

Nos anos 1950, pesquisadores como Alan Turing e John McCarthy já contribuíam para sua criação. Desde então, a IA tem progredido rapidamente, impulsionada por avanços tecnológicos e disponibilidade de dados.Atualmente, a IA está presente em diversos aspectos da nossa sociedade, desde recomendações de produtos online até diagnósticos médicos, alterando significativamente nosso estilo de vida e trabalho.

80. ASIC - Application-Specific Integrated Circuit (Circuito Integrado Específico para Aplicação) - É um chip de circuito integrado (IC) personalizado para um uso específico, em vez de destinado ao uso de uso geral, como um chip projetado para funcionar em voz digital, gravador ou um codec de vídeo de alta eficiência.

Os chips de produtos padrão específicos para aplicações são intermediários entre ASICs e circuitos integrados padrão da indústria, como a série 7400 ou a série 4000. Os chips ASIC são normalmente fabricados usando tecnologia de semicondutor de óxido metálico (MOS), como chips de circuito integrado MOS.

81. Aspect-Level Sentiment Analysis - Uma extensão da análise de sentimentos que foca em identificar e classificar o sentimento em relação a aspectos específicos de produtos, serviços ou tópicos detalhados em texto.

82. Atributo - Um dado específico; um elemento de um registro em um banco de dados ou um campo em uma estrutura de dados.

83. Attention Mechanism - Característica de modelos que permite pesar a importância de diferentes partes dos dados de entrada ao gerar uma saída, muito usada em tradução automática. É Uma técnica em redes neurais que melhorou a capacidade de modelos de processar sequências longas, tendo um grande impacto na NLP a partir de 2014.

84. Attention Models - Modelos de NLP que utilizam um mecanismo de atenção para focar em partes específicas do

texto quando geram suas saídas, melhorando a relevância e a precisão.

85. Attention-based Models - Modelos que incorporam o conceito de atenção para focar seletivamente em partes dos dados ao fazer previsões, como o Transformer em tarefas de processamento de linguagem natural.

86. Audit Logs - Registros que documentam atividades dentro dos sistemas e redes de uma organização que podem ser analisadas durante uma investigação de violação de privacidade. Registros que documentam atividades dentro dos sistemas e redes de uma organização que podem ser analisadas durante uma investigação de violação de privacidade.

87. Audit Trail - Um registro cronológico relevante para a segurança que fornece evidências documentais da sequência de atividades em um sistema.

88. Auditability - A capacidade de um sistema de rastrear e registrar as atividades do sistema, fornecendo um registro histórico das operações para apoiar a resposta a incidentes e investigações.

89. Augmented Reality with NLP - Integração de NLP em sistemas de realidade aumentada para permitir a interação por meio de comandos de voz e o fornecimento de informações contextuais por texto.

90. Autenticação biométrica - Uso de características biológicas únicas, como impressões digitais ou varreduras de íris, para

verificar a identidade, o que tem implicações importantes para a privacidade de dados pessoais.

91. Autenticação fora de banda - Uma técnica de verificação que usa dois canais separados para autenticar um usuário, o que pode fornecer maior segurança para os dados do usuário.

92. Autoencoders - Redes neurais utilizadas para aprendizagem não supervisionada, eficientes na representação compacta de dados e na redução de dimensão.

93. Automação - Utilização de sistemas para operar e controlar produção sem intervenção humana constante.

94. Automated Fact-checking - Verificação automática de fatos em textos para combater a desinformação e manter a integridade de informações em jornais, redes sociais e outros veículos de comunicação.

95. Automated Journalism - Uso de NLP para gerar automaticamente artigos jornalísticos a partir de dados estruturados, como relatórios financeiros ou resultados esportivos.

96. Automated Linguistic Profiling - Criação de perfis linguísticos automáticos que podem caracterizar estilos de escrita, habilidades comunicativas ou traços de personalidade a partir do uso da linguagem de um indivíduo.

97. Automated Readability Assessment - Avaliação automatizada da legibilidade do texto, utilizando NLP para identificar o nível de dificuldade e adaptar materiais para audiências com diferentes competências em leitura.

98. Automated Social Science Hypothesis Generation - Uso de NLP para gerar hipóteses em ciências sociais, analisando grandes volumes de dados textuais para identificar padrões, tendências e correlações que podem sugerir novas linhas de investigação.

99. Automatic Content Generation - Criação automática de conteúdo escrito por algoritmos de NLP, usada em notícias automáticas, relatórios e mais.

100. Automatic Language Assessment - Avaliação automatizada da proficiência linguística em línguas estrangeiras, baseando-se na análise de fala ou texto escrito produzido pelo aprendiz.

101. Automatic Speech Recognition (ASR) - Tecnologia que converte fala falada em texto transcrevendo áudio para palavras.

102. Automatic Summarization - Geração de um resumo conciso e fluído a partir de um texto extenso.

103. Automatic Thesaurus Construction - Criação automatitos muda ao longo do tempo, o que é relevante para o entendimento de textos históricos, para a lexicografia e para o alinhamento de idiomas em tradução de máquina.

104. AutoML (Automated Machine Learning) - Área da IA que visa automatizar o processo de seleção e otimização de modelos de aprendizado de máquina.

105. Autonomous Drones - Drones que usam IA para navegação e decisões de voo independentes, que começaram a emergir significativamente na década de 2010.

106. Autonomous Vehicles - O desenvolvimento de veículos autônomos acelerou na década de 2010, com empresas como Tesla e Waymo liderando o caminho em combinar IA com robótica para transportes autônomos. São veículos equipados com IA capazes de navegar sem intervenção humana.

107. AVG - Algemene Verordening Gegevensbescherming, a versão dos Países Baixos do RGPD, Regulamento Geral de Proteção de Dados.

108. Regulamento (UE) 2016/679 do Parlamento Europeu e do Conselho, de 27 de abril de 2016, relativo à proteção das pessoas singulares no que diz respeito ao tratamento de dados pessoais e à livre circulação desses dados e que revoga a Diretiva 95/46/CE (Regulamento Geral de Proteção de Dados).

2   Letra B.

1. Backdoor Attack - Um tipo de ataque cibernético em que um sistema de IA é comprometido com uma entrada secreta que permite ao invasor manipular os resultados.

2. Backtranslation - Método em NLP onde um texto é traduzido para outra língua e depois de volta para a original para melhorar a qualidade da tradução e a fluência do modelo.

3. Bag of Words - Modelo usado em NLP que transforma texto em representações numéricas fixas, ignorando a ordem da sequência, mas mantendo multiplicidade.

4. Bagging - Técnica de Ensemble Learning que treina modelos independentes em subconjuntos aleatórios do conjunto de dados e depois combina suas previsões.

5. Bancos de dados gráficos - Sistemas de banco de dados que usam estruturas de gráfico para consultas semânticas com nós, bordas e propriedades para representar e armazenar dados.

6. BART - Bidirectional and Auto-Regressive Transformers (Transformadores Bidirecionais e Auto-regressivos).

7. Batch Learning - Método de treinamento de modelos de ML onde todo o conjunto de dados está disponível e usado de uma vez durante o aprendizado.

8. Batch Normalization - Técnica utilizada para estabilizar e acelerar o treinamento de redes neurais profundas,

normalizando a entrada de cada mini-lote para ter uma distribuição média de zero e desvio padrão de um.

9. Bayesian Inference - Abordagem probabilística para modelagem estatística e aprendizado de máquina que calcula a probabilidade posterior de uma hipótese com base na probabilidade anterior e na verossimilhança dos dados observados.

10. Bayesian Networks - Estruturas gráficas que representam relações probabilísticas entre um conjunto de variáveis, usadas na tomada de decisão e inferência estatística. Rede neural que incorpora incertezas ao aprender as distribuições de pesos, em vez de valores fixos, possibilitando a estimativa da confiança nas previsões.

11. Bayesian Optimization - Método para otimização de funções objetivo que são custosas para avaliar, usando o teorema de Bayes para dirigir a busca a fim de encontrar o máximo ou mínimo eficientemente.

12. Behavioral Biometrics - Métricas relacionadas aos padrões únicos em que os indivíduos se comportam, como padrões de digitação, que podem ser dados pessoais sensíveis.

13. Belief Networks - Redes que representam distribuições de probabilidade condicional entre variáveis de um domínio; também conhecidas como Redes Bayesianas.

14. Benchmarking - Avaliação de desempenho de uma máquina de Turing ou IA através do uso de padrões de referência.

15. BERT (Bidirectional Encoder Representations from Transformers) - Lançado pelo Google em 2018, ganhou a atenção por seu desempenho em compreensão de linguagem natural. Modelo de processamento de linguagem natural que estabeleceu avanços significativos em várias tarefas de NLP. Utiliza a arquitetura do Transformer para entender os contextos de palavras de maneira bidirecional.

16. BERT Fine-Tuning - Ajuste fino do modelo BERT pré-treinado para tarefas específicas de NLP, personalizando o modelo para desempenho ótimo em uma aplicação particular.

17. Bias - Tendência sistemática presente nos modelos de ML que podem levar a resultados imprecisos ou injustos, especialmente relacionados a dados não representativos.

18. Bias Detection - Identificação de preconceitos e desequilíbrios em dados de linguagem que podem levar a resultados tendenciosos ou injustos quando usados em modelos de NLP.

19. Bias Detection and Mitigation - Identificação e redução de viés em conjuntos de dados e modelos de aprendizado de máquina, a fim de prevenir discriminação e aumentar a equidade nos resultados.

20. Bias Mitigation - O desenvolvimento de métodos para reduzir ou eliminar viés em algoritmos de IA garantindo decisões mais justas e equitativas.

21. Bias Term - Um parâmetro em modelos de aprendizado de máquina que permite ao modelo ter um ponto de partida ajustável, sem depender exclusivamente dos dados de entrada.

22. Bias-Variance Tradeoff - Um princípio fundamental no aprendizado estatístico que descreve o compromisso entre a simplicidade do modelo (viés alto, variância baixa) e a complexidade do modelo (viés baixo, variância alta) e a maneira como isso afeta o erro geral.

23. BiDAF - Bi-directional Attention Flow (Fluxo de Atenção Bidirecional).

24. Big Data - Macrodados, megadados, ou grandes dados em português. É a área do conhecimento que estuda como tratar, analisar e obter informações a partir de conjuntos de dados muito grandes.

    O termo big data surgiu em 1997 e foi inicialmente utilizado para nomear conjuntos de dados não ordenados em rápido crescimento. Nas últimas décadas, os conjuntos de dados têm crescido de forma exponencial.

    Para mais detalhes sugiro consultar a coleção de livros sobre Big Data do Prof. Marcão – Marcus Vinícius Pinto. Arquitetura de Big Data, Big Data: 700 Perguntas, Gestão de Big Data, Glossário de Big Data, Implementação de Big Data, Simplificando Big Data Em 7 Capítulos.

25. Big Data Geoespacial - Grandes volumes de dados espaciais e temporais analisadoscom IA para revelar insights complexos que seriam difíceis de descobrir manualmente.

26. Bilinear Models - Modelos que utilizam operações bilineares entre dois vetores, comuns em tarefas de visão computacional para identificar relações complexas entre características visuais.

27. Binary System - Sistema numérico que utiliza apenas dois símbolos e é a base para a operação das máquinas de Turing e da computação moderna.

28. Binding Corporate Rules - Políticas internas de privacidade da empresa para transferência internacional de dados pessoais dentro de um grupo corporativo.

29. Biometric Encryption - Armazenamento de um modelo biométrico na forma de um algoritmo criptografado onde a imagem biométrica faz parte da chave de criptografia.

30. Blocklist - Uma lista de itens, como nomes de usuário ou endereços IP, identificados como indesejados e impedidos de acessar um sistema ou rede, protegendo contra acesso não autorizado a dados.

31. Boosting - Método de Ensemble Learning que cria uma série de modelos que aprendem a corrigir os erros cometidos pelos modelos anteriores.

32. Bootstrapping - Método estatístico que melhora a acurácia de modelos algorítmicos por meio de reamostragem de dados com substituição, utilizado extensivamente em técnicas de conjunto.

33. Boston Dynamics - Empresa conhecida por seus robôs avançados que demostram movimento fluído e versatilidade, muitos dos quais utilizam IA para navegação e interação com o ambiente.

34. Bots - Os "bots", abreviação de "robôs" em inglês, são programas de software projetados para executar tarefas

automaticamente. Embora nem todos os bots utilizem inteligência artificial (IA), muitos incorporam elementos de IA, como processamento de linguagem natural (PLN) e aprendizado de máquina, para realizar funções mais complexas.

Eles são comumente integrados a sistemas de mensagens ou interfaces de conversação para interagir com usuários de uma maneira que simula uma conversa humana. Esse tipo de bot é frequentemente chamado de "chatbot".

Bots podem ser criados com uma gama de complexidade variável, desde simples scripts automatizando tarefas repetitivas até sistemas avançados capazes de aprender com interações passadas e se tornar mais eficientes com o tempo. Alguns exemplos de tarefas desempenhadas por bots incluem:

- Suporte ao Cliente. Atender e responder questões de clientes, fornecendo informações instantâneas e ajudando a resolver problemas comuns sem a necessidade de interação humana.

- Assistentes Virtuais. Auxiliar usuários com tarefas diárias, como agendar compromissos, configurar lembretes, ou até mesmo realizar compras online.

- Entretenimento. Interagir com usuários em jogos ou em plataformas de redes sociais, oferecendo uma experiência de entretenimento automatizada e interativa.

- Gerenciamento de Informações. Coletar e analisar dados da internet, como envio de atualizações sobre clima, notícias ou rastreamento de menções em redes sociais.

- Educação. Facilitar o aprendizado através de meios interativos, esclarecendo dúvidas ou oferecendo conteúdo educacional personalizado.

- E-commerce. Guiar os clientes ao longo do processo de compra, fornecer recomendações de produtos e auxiliar no serviço de pós-venda.

Os bots têm se tornado cada vez mais comuns devido à sua habilidade de oferecer respostas rápidas e disponibilidade 24/7. Entretanto, apesar de sua eficiência em automatizar tarefas, os bots ainda têm desafios e limitações, especialmente no que diz respeito a compreender nuances e contexto na comunicação humana.

Por isso, em muitos cenários, eles são programados para escalar conversas para operadores humanos quando encontram uma solicitação que ultrapassa seus parâmetros de programação ou aprendizado.

Além disso, a adoção de bots também levanta questões de privacidade e segurança. Como muitos bots coletam dados dos usuários para aprender e personalizar as interações, é essencial que operem em conformidade com as regulamentações de proteção de dados, como o GDPR na União Europeia.

Também existe a preocupação com bots maliciosos, projetados para enganar usuários (phishing), disseminar desinformação ou realizar ataques cibernéticos.

Para melhorar a performance dos bots, pesquisadores e desenvolvedores continuam a refinar algoritmos de IA aprimorando a habilidade do bot de compreender a linguagem natural e de adaptar-se a usuários individuais.

O uso de grandes modelos de linguagem como GPT-3, desenvolvidos pela OpenAI, demonstrou avanços significativos em algumas destas áreas, embora ainda existam desafios de contextualização e compreensão profunda.

No que diz respeito ao futuro dos bots, é provável que vejamos uma integração ainda mais profunda com as tecnologias cotidianas, melhorando a automação residencial, personalizando a experiência de aprendizado e de trabalho, e fornecendo serviços cada vez mais sofisticados em setores como saúde, onde podem realizar tarefas de triagem ou fornecer suporte terapêutico básico.

Portanto, os bots representam uma fusão entre a automação e o aprendizado de máquina, com um potencial amplo e variado. Enquanto a tecnologia avança, a habilidade dos bots de se integrarem de forma útil e segura em nossas vidas cotidianas só tende a crescer, redefinindo o que é possível em termos de automação e interação homem-máquina.

35. BPM - Business Process Management (Gestão de Processos de Negócios) - Pode ser definido tanto como uma disciplina, uma técnica ou um método estruturado para agilizar as operações e aumentar a eficiência de uma empresa, partindo de um princípio básico e elementar: processos são a base de uma organização.

36. Breach Notification Rule - Uma lei que exige que as instituições notifiquem os indivíduos quando informações de saúde protegidas (PHI) são comprometidas.

    A regra de notificação de violação da HIPAA exige que as entidades cobertas notifiquem os pacientes quando suas PHI não seguras são usadas ou divulgadas de forma inadmissível - ou "violadas" - de uma forma que comprometa a privacidade e a segurança das PHI.

37. Break Glass Procedure - Procedimento de acesso de emergência que permite aos usuários obter acesso temporário rápido a contas ou sistemas que normalmente não têm, muitas vezes em resposta a incidentes de privacidade ou segurança.

38. BYOA - Traga sua própria autenticação, envolvendo indivíduos usando seus próprios métodos de autenticação para acessar serviços corporativos e não corporativos, levantando questões de privacidade e segurança.

    BYOD - Bring Your Own Device - BYOD (Bring Your Own Device) é uma política empresarial que permite aos funcionários trazerem seus próprios dispositivos pessoais, como smartphones, tablets e laptops, para serem usados no contexto do trabalho.

    Essa política ganhou popularidade por oferecer várias vantagens, tais como aumentar a satisfação e a produtividade dos funcionários, já que eles podem usar dispositivos com os quais já estão familiarizados e confortáveis.

Além disso, pode reduzir os custos para a empresa, que assim não precisa fornecer e manter uma grande quantidade de equipamentos de tecnologia.

No entanto, o BYOD também representa riscos significativos, especialmente no que diz respeito à segurança da informação e à privacidade:

1. Segurança de Dados. Empregados podem acessar informações corporativas sensíveis em dispositivos que não estão sob o rigoroso controle de segurança da empresa, o que pode aumentar o risco de vazamento de dados.

   Se um trabalhador baixa um arquivo corporativo em um dispositivo pessoal infectado por malware, por exemplo, isso poderia comprometer a rede da empresa.

2. Perda ou Roubo de Dispositivos. Dispositivos móveis são particularmente susceptíveis à perda ou roubo.

   Se tais dispositivos contêm dados confidenciais da empresa e não estão devidamente protegidos, pode haver uma séria brecha na segurança se caírem em mãos erradas.

3. Gerenciamento de Dispositivos. A diversidade de dispositivos e sistemas operacionais pode tornar complexa a tarefa de gerenciar e atualizar cada um deles de forma que cumpra com as políticas de segurança da empresa.

4. Privacidade dos Funcionários. Por outro lado, os empregadores precisam garantir que quaisquer medidas de segurança implementadas não invadam a privacidade pessoal dos funcionários.

É importante estabelecer claramente o que a empresa pode e não pode monitorar.

Para mitigar esses riscos, as empresas geralmente implementam uma série de estratégias e ferramentas, tais como:

- Políticas de segurança claras e detalhadas para BYOD.

- Soluções de gerenciamento de dispositivos móveis (MDM Mobile Device Management) ou EMM (Enterprise Mobility Management), que permitem o controle e a configuração de dispositivos para garantir a aderência às políticas de segurança.

- VPNs (Redes Privadas Virtuais) para assegurar uma conexão segura entre os dispositivos e a rede corporativa.

- Autenticação de múltiplos fatores para acessar recursos da empresa.

- Criptografia de dados para proteger a informação sensível armazenada nos dispositivos.

- Capacidade de apagar dados remotamente em caso de perda ou roubo do dispositivo (wipe remoto).

- Segmentação de redes para limitar o acesso de dispositivos BYOD apenas às áreas necessárias da rede da empresa.

- Programas de formação e conscientização em segurança da informação para funcionários.

A implementação de uma política BYOD eficaz também exige uma cuidadosa consideração legal.

As regulamentações sobre privacidade, como o GDPR (General Data Protection Regulation) na União Europeia, podem impor certas obrigações às empresas no que diz respeito à coleta e ao processamento de informações pessoais.

Para uma política BYOD ser bem-sucedida, é essencial que haja uma comunicação clara sobre quais são as responsabilidades dos funcionários e quais medidas de segurança estão em vigor.

A confiança mútua entre empregadores e empregados, juntamente com políticas e procedimentos claros, é a base para que o BYOD traga os seus benefícios minimizando os riscos envolvidos.

3   Letra C.

1. CamemBERT - Contextualized French Language Model (Modelo de Linguagem Francês Contextualizado) - modelo de linguagem de última geração para francês baseado na arquitetura RoBERTa pré-treinada no subcorpus francês do corpus multilíngue OSCAR recentemente disponível.

   Sua avalição consiste em quatro tarefas downstream diferentes para o francês:

   1. Marcação de classe gramatical (POS).

   2. Análise de dependência.

   3. Reconhecimento de entidade nomeada (NER).

   4. Inferência de linguagem natural (NLI).

   Melhorando o estado da arte para a maioria das tarefas em relação às abordagens monolíngues e multilíngues anteriores, o que confirma a eficácia de grandes modelos linguísticos pré-treinados para o francês.

2. Capsule Networks - Tipo de rede neural que usa "cápsulas" para representar hierarquicamente características da entrada em várias orientações e posições, possivelmente aumentando a robustez e a precisão para tarefas de visão computacional.

3. Capsule Networks - Uma alternativa às CNNs que tenta simular melhor os padrões hierárquicos no cérebro humano, introduzida por Geoffrey Hinton.

4. CAPTCHA - Teste responsivo lançado em 2003 que distingue humanos de bots, ajudando a treinar algoritmos de IA em reconhecimento de imagens.

5. Case-Based Reasoning (CBR) - Sistema de IA que resolve novos problemas através da adaptação de soluções que foram utilizadas para problemas antigos.

6. Categorical Cross-Entropy - Métrica de perda amplamente utilizada para problemas de classificação, que mede a distância entre a distribuição de probabilidade da saída do modelo e a distribuição real das etiquetas.

7. Causal Reasoning in Text - Identificação e análise de relações causais expressas em texto, que é essencial para muitas aplicações, como inteligência empresarial, análise de saúde e pesquisa científica.

8. Causalidade - Relação entre um evento (a causa) e um segundo evento (o efeito), onde o segundo evento é uma consequência direta do primeiro.

9. CDN - Content Delivery Network (Rede de Distribuição de Conteúdo) - é uma rede distribuída geograficamente de servidores proxy e seus data centers. O objetivo é fornecer alta disponibilidade e desempenho distribuindo o serviço espacialmente em relação aos usuários finais.

As CDNs surgiram no final da década de 1990 como um meio de aliviar os gargalos de desempenho da Internet, à medida que a Internet começava a se tornar um meio de missão crítica para pessoas e empresas.

Desde então, as CDNs cresceram para servir hoje uma grande parte do conteúdo da Internet, incluindo objetos da web (texto, gráficos e scripts), objetos para download (arquivos de mídia, software, documentos), aplicativos (comércio eletrônico, portais), streaming ao vivo, mídia, mídia de streaming sob demanda e sites de mídia social.

CDNs são uma camada no ecossistema da Internet. Proprietários de conteúdo, como empresas de mídia e fornecedores de comércio eletrônico, pagam aos operadores de CDN para entregar seu conteúdo aos usuários finais.

Por sua vez, uma CDN paga provedores de serviços de Internet (ISPs), operadoras e operadoras de rede para hospedar seus servidores em seus data centers.

CDN é um termo abrangente que engloba diferentes tipos de serviços de entrega de conteúdo: streaming de vídeo, downloads de software, aceleração de conteúdo web e móvel, CDN licenciado/gerenciado, cache transparente e serviços para medir o desempenho de CDN, balanceamento de carga, comutação e análise de Multi CDN e nuvem inteligência.

Os fornecedores de CDN podem passar para outros setores, como segurança, proteção DDoS e firewalls de aplicativos da web (WAF) e otimização de WAN.

10. CDPA - Consumer Data Protection Act, legislação em várias jurisdições destinada a proteger os dados pessoais dos consumidores.

11. Chatbot - Um chatbot é um programa de computador que simula e processa conversas humanas (escritas ou faladas), permitindo que as pessoas interajam com dispositivos digitais como se estivessem se comunicando com uma pessoa real.

Os chatbots podem ser tão simples quanto programas rudimentares que respondem a uma consulta simples com uma resposta de linha única ou tão sofisticados quanto assistentes digitais que aprendem e evoluem para fornecer níveis crescentes de personalização à medida que coletam e processam informações.

12. Chatbot Training Data - Conjunto de dados anotados usados para treinar sistemas de dialog em reconhecer padrões de fala e resposta em interações com chatbots.

13. ChatGPT - O ChatGPT é uma variante de um modelo de linguagem generativo criado e treinado pela OpenAI, baseado na arquitetura GPT (Generative Pre-trained Transformer).

O objetivo do ChatGPT é realizar tarefas de comunicação natural em linguagem humana, permitindo que seja utilizado para conversar com os usuários em linguagem natural, responder perguntas, elaborar explicações detalhadas, escrever textos criativos, ajudar na codificação, resolver problemas e muito mais.

Ele foi projetado para entender e gerar textos de maneira coerente e contextualmente apropriada, tornando possível estabelecer diálogos em vários temas e estilos.

A inteligência do ChatGPT advém de um treinamento extensivo com um conjunto de dados diversificado, composto por uma ampla variedade de textos da internet, permitindo que ele desenvolva seu conhecimento em vários tópicos e tipos de interações.

Usando técnicas de machine learning e processamento de linguagem natural (PLN), especificamente o treinamento com técnicas de aprendizagem profunda, o ChatGPT aprende padrões de linguagem e contextos para gerar respostas que se assemelham ao modo como os humanos escrevem ou falam.

Isto inclui a capacidade de lembrar informações previamente mencionadas em uma conversa, gerenciar o contexto diálogo-a-diálogo, e responder a consultas de forma pensada e relevante.

O modelo foi treinado até um certo ponto no tempo com dados disponíveis até aquela data (a última atualização do ChatGPT foi em abril de 2023).

Isso significa que ele possui uma compreensão ampla dos idiomas e dos temas discutidos até aquela data, mas não tem a capacidade de aprender ou incorporar informações por conta própria após esse ponto de corte.

ChatGPT tem sido utilizado em diversas aplicações, desde ferramentas educacionais até interfaces de atendimento ao cliente, e continua sendo explorado para novos usos conforme a tecnologia de IA avança e se expande.

14. Chunking - Técnica de agrupar palavras em "pedaços" maiores, frequentemente constituídos por constituintes linguísticos como substantivos ou frases verbais.

15. Church-Turing Thesis - Hipótese que estabelece a equivalência entre as máquinas de Turing e qualquer outro modelo computacional com poder equivalente.

16. Ciência de Dados - Um campo interdisciplinar que usa métodos, processos, algoritmos e sistemas científicos para

extrair conhecimento e insights de dados ruidosos, estruturados e não estruturados.

17. CIFAR-10 and CIFAR-100 - Conjuntos de dados criados pela Canadian Institute For Advanced Research, lançados em 2009, amplamente usados para avaliar algoritmos de IA em visão computacional.

18. CISO - Chief Information Security Officer, Um executivo responsável pela política de segurança de dados e informações de uma organização.

19. CJEU - Court of Justice of the European Union - O Tribunal de Justiça da União Europeia (TJUE) é uma das sete instituições da UE. É composto por dois tribunais: o Tribunal de Justiça propriamente dito e o Tribunal Geral.

    É responsável pela jurisdição da União Europeia. Os tribunais asseguram a correta interpretação e aplicação do direito primário e secundário da UE na UE.

    Analisam a legalidade dos atos das instituições da UE e decidem se os Estados-Membros cumpriram as suas obrigações ao abrigo do direito primário e derivado.

    O Tribunal de Justiça também fornece interpretações do direito da UE quando solicitado pelos juízes nacionais.

20. Claim Detection - Identificação de afirmações ou declarações que requerem verificação, usada em iniciativas de checagem de fatos e avaliação da consistência da informação.

21. Classificação - Atribuição de entradas a categorias pré-determinadas em ML. Uma tarefa de análise de dados,

geralmente envolvendo a atribuição de um ponto de dados a uma classe predefinida como parte de um algoritmo de aprendizado de máquina.

22. Classificação de Uso do Solo - Aplicação de algoritmos de IA para categorizar áreas de terra com base em suas características e uso.

23. Classification – Ver Classificação.

24. Client-Side Encryption - Encryption of data before it leaves the client, giving the user control of the encryption keys and, therefore, the data for heightened privacy.

25. Climate Change Models - Aplicação de IA nos estudos climáticos para melhorar a precisão das previsões e modelos climáticos, ajudando a entender e mitigar os efeitos das mudanças climáticas.

26. Clinical NLP - Processamento de linguagem natural aplicado a textos clínicos, como prontuários de pacientes, para extrair informações relevantes para apoio a decisões médicas e análise de dados de saúde.

27. Clustering – O ChatGPT é uma variante de um modelo de linguagem generativo criado e treinado pela OpenAI, baseado na arquitetura GPT (Generative Pre-trained Transformer).

28. GhatGPT.

O objetivo do ChatGPT é realizar tarefas de comunicação natural em linguagem humana, permitindo que seja utilizado para conversar com os usuários em linguagem natural, responder perguntas, elaborar explicações detalhadas, escrever textos criativos, ajudar na codificação, resolver problemas e muito mais.

Ele foi projetado para entender e gerar textos de maneira coerente e contextualmente apropriada, tornando possível estabelecer diálogos em vários temas e estilos.

A inteligência do ChatGPT advém de um treinamento extensivo com um conjunto de dados diversificado, composto por uma ampla variedade de textos da internet, permitindo que ele desenvolva seu conhecimento em vários tópicos e tipos de interações.

Usando técnicas de machine learning e processamento de linguagem natural (PLN), especificamente o treinamento com técnicas de aprendizagem profunda, o ChatGPT aprende padrões de linguagem e contextos para gerar respostas que se assemelham ao modo como os humanos escrevem ou falam.

Isto inclui a capacidade de lembrar informações previamente mencionadas em uma conversa, gerenciar o contexto diálogo-a-diálogo, e responder a consultas de forma pensada e relevante.

O modelo foi treinado até um certo ponto no tempo com dados disponíveis até aquela data (a última atualização do ChatGPT foi em abril de 2023).

Isso significa que ele possui uma compreensão ampla dos idiomas e dos temas discutidos até aquela data, mas não tem a capacidade de aprender ou incorporar informações por conta própria após esse ponto de corte.

ChatGPT tem sido utilizado em diversas aplicações, desde ferramentas educacionais até interfaces de atendimento ao cliente, e continua sendo explorado para novos usos conforme a tecnologia de IA avança e se expande.

Clustering, ou agrupamento, é um procedimento de aprendizado de máquina não supervisionado que envolve a organização de conjuntos de dados em subgrupos (clusters).

O critério para esse agrupamento é geralmente a semelhança entre os itens dentro de cada cluster. Em outras palavras, o objetivo do clustering é fazer com que os itens dentro de um cluster sejam mais semelhantes (segundo uma métrica de semelhança definida) entre si do que com itens de outros clusters.

O processo de clustering é amplamente empregado em diversas áreas como bioinformática, reconhecimento de padrões, análise de imagens, marketing, pesquisa social, e mais. No contexto de dados, ele serve para descobrir uma estrutura ou padrão intrínseco durante a análise exploratória de dados (EDA).

Alguns métodos de clustering são:

1. K-Means. Talvez o mais conhecido, que divide um conjunto de n observações em k clusters, cada um caracterizado pela média dos pontos no cluster. O algoritmo itera pela realocação de pontos para minimizar a variação dentro do cluster.

2. Clustering Hierárquico. Constrói uma hierarquia de clusters que podem ser visualizados como um dendrograma. Ele pode ser "aglomerativo" (começando com pontos individuais e agregando-os em clusters) ou "divisivo" (começando com um cluster global e dividindo-o em clustres menores).

3. DBSCAN (Density-Based Spatial Clustering of Applications with Noise). Encontra vizinhos dentro de uma certa distância e identifica os pontos centrais com uma densidade suficientemente alta de vizinhos, expandindo os clusters a partir deles.

4. Mean-Shift. Encontra os centros de clusters como os pontos onde a densidade de dados alcança um máximo local.

5. Affinity Propagation. Envia mensagens entre pares de amostras até que um conjunto de exemplares (centros de clusters) e clusters correspondentes emergem gradualmente.

6. Spectral Clustering. Utiliza as propriedades do espectro (valores próprios) da matriz de similaridade dos dados para realizar a redução de dimensionalidade antes do agrupamento em dimensões menores.

Em todas essas técnicas, a escolha de uma métrica de semelhança é crucial, pois define como os dados serão comparados uns com os outros. As métricas de distância comuns incluem a distância euclidiana, distância de Manhattan e semelhança do cosseno, cada uma refletindo diferentes aspectos da similaridade entre exemplos no conjunto de dados.

Além de escolher uma métrica de semelhança, outra consideração fundamental no processo de clustering é determinar o número ideal de clusters.

Este é um problema não trivial, pois um valor muito baixo pode levar a uma supergeneralização, enquanto um valor muito alto pode capturar demasiado ruído e detalhes menores, levando à sobrespecificação.

Métodos como o Elbow Method para K-Means ou a análise de silhouette podem ajudar a estimar o número apropriado de clusters.

Após a criação dos clusters, é comum avaliar a qualidade do agrupamento. Isso é feito através de indicadores como a soma das distâncias quadradas (para K-Means), a força das fronteiras (em métodos baseados em densidade), ou a estabilidade dos clusters em diferentes subconjuntos de dados.

Além do agrupamento tradicional de pontos de dados ou instâncias, o clustering pode ser aplicado a estruturas de dados mais complexas, como gráficos e redes, onde técnicas como agrupamento baseado em comunidade podem ser usadas.

O clustering é uma técnica poderosa para descobrir insights implícitos em grandes volumes de dados e é uma ferramenta indispensável no arsenal do cientista de dados.

É um dos pilares fundamentais do aprendizado de máquina não supervisionado e continua a ser um campo ativo de pesquisa e aplicação prática, impulsionando o desenvolvimento de novas abordagens e algoritmos para lidar com desafios de dados cada vez mais complexos.

29. CNN - Convolutional Neural Network, uma classe de redes neurais profundas, comumente aplicado em análise de imagens. Aplicadas a Imagens de Satélite - Redes de convolução profunda treinadas para analisar e interpretar complexidades em dados visuais geoespaciais.

30. Code Mixed NLP - NLP focado no processamento de texto que combina elementos de dois ou mais sistemas linguísticos, comum em contextos bilíngues ou multilíngues.

31. Coeficiente de Correlação - Medida que determina o grau de associação dos movimentos de duas variáveis. O tipo mais comum de coeficiente de correlação é a correlação de Pearson, que mostra uma relação linear entre dois conjuntos de dados.

32. Cognitive Computing - Conjunto de tecnologias de IA que imitam o funcionamento do cérebro humano, abordando tarefas complexas como reconhecimento de padrões e processamento de linguagem natural.

33. Cognitive Debiasing in NLP Outputs - Técnicas para reduzir ou eliminar viéses cognitivos em saídas de NLP, garantindo que as decisões e informações geradas por sistemas de NLP sejam justas e objetivas.

34. Cognitive Load Estimation during Reading - Estimativa de carga cognitiva experimentada pelos leitores durante a leitura de um texto, o que pode ajudar a criar conteúdo mais acessível e aprimorar experiências de aprendizado.

35. Cognitive Modeling of Language - Construção de modelos que replicam aspectos do processamento cognitivo humano da

linguagem, fornecendo insights sobre como compreendemos e produzimos linguagem natural.

36. Cognitive NLP - Aplicação de princípios e modelos da psicolinguística e da ciência cognitiva ao processamento de linguagem natural, buscando sistemas de NLP que melhor imitam o processamento da linguagem humana.

37. Cognitive Security - Uma abordagem de segurança que usa IA e ML para prever, detectar e responder a ameaças cibernéticas, que podem ter implicações para a privacidade de dados.

38. Coherence Modeling - Modelagem da propriedade de texto que faz com que um conjunto de frases seja logicamente conectado e faça sentido como um todo, crucial para a geração de texto e resumos coesos.

39. Cold Start Problem - O problema enfrentado pelos sistemas de recomendação quando não há dados suficientes para fazer recomendações precisas para os usuários.

40. Collaborative Filtering - Mecanismo usado em sistemas de recomendação onde a preferência de um usuário é prevista com base nas preferências de outros usuários semelhantes.

41. Collaborative Robotics - Robótica Colaborativa, frequentemente referida como "cobots", representa uma interseção inovadora entre seres humanos e robôs, visando interação cooperativa em ambientes de trabalho compartilhados.

Diferentes dos robôs tradicionais, que geralmente são segregados dos trabalhadores humanos por razões de segurança, os cobots são projetados com características que permitem que eles trabalhem lado a lado com os humanos de maneira segura e eficaz.

Características-chave dos cobots incluem:

1. Segurança. Cobots são construídos com sensores, softwares e às vezes componentes mecânicos que lhes permitem detectar e responder à presença de colegas humanos. Seus movimentos são tipicamente mais lentos, ou eles podem ter funcionalidades como limitação de força para assegurar que, caso aconteça uma colisão acidental, o risco de lesão seja minimizado.

2. Flexibilidade.

   Estes robôs são frequentemente menores e mais leves do que os robôs industriais tradicionais, e eles podem ser reprogramados para uma variedade de tarefas.

   Eles podem ser movidos e adaptados para diferentes partes do processo produtivo conforme necessário.Facilidade de Programação.

   Cobots são projetados com interfaces de usuário intuitivas, tornando mais fácil para os trabalhadores sem experiência em programação ensinar ou ajustar as tarefas do robô.

3. Aprimoramento, não Substituição. A filosofia principal por trás dos cobots é que eles aumentam as capacidades humanas e assumem tarefas monótonas, extenuantes ou que exigem precisão.

Isso permite que trabalhadores humanos se concentrem em tarefas de nível superior que requerem habilidades humanas como tomada de decisão, manipulação delicada ou resolução de problemas complexos.

4. Aprendizado e adaptação. Alguns cobots possuem capacidades de aprendizado de máquina que lhes permitem melhorar seu desempenho ao longo do tempo com base em padrões ou feedback de seus colegas humanos.

As aplicações de cobots se estendem para várias indústri. as, desde a manufatura até a saúde, e adentram ainda mais nos campos da pesquisa e das artes. Na manufatura, cobots são utilizados para tarefas como montagem, pintura e inspeção.

Na saúde, eles podem auxiliar em cirurgias ou na reabilitação de pacientes. Cobots podem ser particularmente valiosos em empresas de pequeno e médio porte (PMEs) porque permitem a automação sem grandes revisões nos fluxos de trabalho existentes.

Um desafio associado à implementação de robôs colaborativos está em garantir a interação contínua entre humanos e máquinas, o que muitas vezes requer uma reavaliação do design de trabalho e do fluxo operacional.

À medida que os cobots se tornam mais inteligentes e capazes, questões como treinamento da força de trabalho, deslocamento de empregos e protocolos de interação humano-robô ganham importância.

Em geral, a robótica colaborativa incorpora uma sinergia empolgante que alavanca o melhor da destreza humana, resolução de problemas e adaptabilidade com a eficiência robótica, durabilidade e precisão, levando a um aumento da produtividade e benefícios ergonômicos.

À medida que a tecnologia continua a evoluir, é provável que abra novas possibilidades para a interação humana e robô, transformando ainda mais a maneira como trabalhamos e colaboramos.

42. Collocation Extraction - A extração de colocações, que são pares ou grupos de palavras que frequentemente aparecem juntos de forma mais comum do que o acaso, do texto, como "alta velocidade" ou "gravemente ferido".

43. Colloquial Language Understanding - Compreensão do uso informal e da gíria na linguagem normal, que pode diferir significativamente do uso formal ou literário.

44. Common Sense Reasoning - Desafio permanente na IA, com projetos como o Cyc tentando capturar conhecimento do senso comum em uma forma computacional.

45. Common Sense Knowledge - Informação presumida que uma pessoa média deveria saber e que é comumente implícita no texto, desafiadora para ser compreendida e utilizada por sistemas de NLP.

46. Common Sense Reasoning in NLP - Incorporação de conhecimento e raciocínio do senso comum nos sistemas de NLP, permitindo melhores interpretações das nuances e implicaturas textuais.

47. Compactação de dados - Reduz o tamanho de um arquivo de dados, o que é particularmente importante na transmissão de dados e para fins de armazenamento em grandes bancos de dados.

48. Complexidade de tempo - Refere-se à complexidade computacional que descreve a quantidade de tempo de computador que leva para executar um algoritmo.

49. Computabilidade - Área da teoria da computação que estuda quais problemas podem ser resolvidos por máquinas, como as imaginadas por Turing.

50. Computação em Nuvem e Geoprocessamento - Uso de plataformas de cloud computing para armazenar, processar e analisar grandes conjuntos de dados geoespaciais, permitindo escalabilidade e colaboração remota.

51. Computação Quântica - ciência que estuda as aplicações das teorias e propriedades da mecânica quântica na Ciência da Computação. Dessa forma seu principal foco é o desenvolvimento do computador quântico.

Na computação clássica o computador é baseado na arquitetura de Von Neumann que faz uma distinção clara entre elementos de processamento e armazenamento de dados, isto é, possui processador e memória destacados por um barramento de comunicação, sendo o seu processamento sequencial.

Entretanto os computadores atuais possuem limitações, como por exemplo na área de Inteligência Artificial (IA), onde não existem computadores com potência ou velocidade de processamento suficiente para suportar uma IA avançada.

Dessa forma surgiu a necessidade da criação de um computador alternativo dos usuais que resolvesse problemas de IA, ou outros como a fatoração em primos de números muito grandes, logaritmos discretos e simulação de problemas da Física Quântica.

A Lei de Moore afirma que a velocidade de um computador é dobrada a cada 12 meses. Assim sempre houve um crescimento constante na velocidade de processamento dos computadores.

Entretanto essa evolução tem um certo limite, um ponto onde não será possível aumentar essa velocidade e então se fez necessária uma revolução significativa na computação para que este obstáculo fosse quebrado.

E assim os estudos em Computação Quântica se tornaram muito importantes e a necessidade do desenvolvimento de uma máquina extremamente eficiente se torna maior a cada dia.

52. Computational Complexity - Ramo da teoria da computação que lida com a eficiência dos algoritmos e a quantidade de recursos necessários para máquinas de Turing executarem cálculos.

53. Computational Discourse Analysis - Análise dos padrões estruturais e funcionais em discursos ou textos escritos, com vistas a entender melhor a comunicação e a organização das ideias.

54. Computational Learning Theory - Um campo de estudo que explora a eficiência de algoritmos de aprendizado e suas capacidades de desempenho preditivo.

55. Computational Pragmatics - Estudo de como o contexto influencia a interpretação da linguagem, essencial para a compreensão total das intenções do falante e do significado implícito no texto.

56. Computational Sociolinguistics - Estudo da influência de fatores sociais e culturais na linguagem e sua modelagem computacional para entender como a linguagem varia entre comunidades, regiões e grupos sociais.

57. Computer Emergency Response Team (CERT) - Equipes que lidam com incidentes de segurança de computadores e podem desempenhar um papel fundamental na resposta a violações de dados que comprometem a privacidade.

58. Computer Go - Área da IA dedicada a desenvolver sistemas de computador capazes de jogar o jogo de tabuleiro Go, que é complexo devido ao grande número de possíveis jogadas.

59. Computer Vision - Disciplina de IA que permite a computadores interpretar e entender o conteúdo visual de imagens ou vídeos.

60. Concentradores VPN - Um tipo de dispositivo de rede que fornece criação segura de conexões VPN e entrega de mensagens, que tem implicações de privacidade se não for devidamente protegido.

61. Concept Drift - A alteração no relacionamento estatístico entre variáveis preditoras e a variável de resposta ao longo do tempo, um desafio em sistemas dinâmicos.

62. Conditional Random Field (CRF) - Modelo estatístico usado em NLP para prever sequências de rótulos que levam em conta o contexto em uma sentença ou documento.

63. Confidence Estimation in NLP Outputs - Estimação de quão confiável ou precisa é a saída de um sistema de NLP, dando aos usuários uma medida da confiança que podem ter nos resultados gerados.

64. Confusion Matrix - Tabela que é usada para descrever o desempenho de um modelo de classificação nas instâncias de teste para as quais os valores verdadeiros são conhecidos.

65. Conjunto de dados - Uma coleção de conjuntos relacionados de informações que é composta de elementos separados, mas pode ser manipulada como uma unidade por um computador.

66. Constituency Parsing - Identificação da estrutura constituinte de uma sentença, classificando frases (como nominais e verbais) e suas hierarquias, uma forma clássica de análise sintática.

67. Consulta - Uma solicitação de dados ou informações de uma tabela de banco de dados ou combinação de tabelas.

68. Content Moderation AI - Sistemas de IA empregados pelas redes sociais e plataformas online para detectar e moderar conteúdo inapropriado automaticamente.

69. Content Moderation AI - Sistemas de IA empregados pelas redes sociais e plataformas online para detectar e moderar conteúdo inapropriado automaticamente.

70. Content Moderation Automation - Automatização da moderação de conteúdo em plataformas online usando NLP para identificar e agir sobre conteúdo inapropriado ou nocivo.

71. Content Personalization Through NLP - Personalização do conteúdo através de NLP, adaptando informações e mensagens com base nas preferências e no histórico do usuário.

72. Content-based Academic Plagiarism Detection - Detecção de plágio acadêmico baseado em conteúdo, empregando NLP para comparar trabalhos submetidos a um vasto banco de dados de literatura existente e detectar semelhanças indevidas.

73. Content-Based Recommendation Systems - Sistemas que recomendam itens (como livros, artigos, filmes) aos usuários com base no conteúdo semelhante que eles preferiram no passado.

74. Context-Aware Computing - Sistemas de IA que consideram o contexto em que funcionam para fornecer informações relevantes e tomar decisões informadas.

75. Continuous Bag of Words (CBOW) - Um modelo de Word2Vec que usa o contexto para prever uma palavra alvo, efetivo na geração de vetores de palavras.

76. Contradiction Detection - Identificação de afirmações ou informações que estão em conflito direto dentro de um texto, importante para análise de coerência e compreensão leitora.

77. Contrastive Learning - Método de aprendizado de representações em que o modelo é treinado para distinguir entre exemplos similares e diferentes, útil em aprendizado supervisionado, semi-supervisionado e não supervisionado.

78. Conversational Agents - Sistemas projetados para interagir com humanos por meio da linguagem natural, simulando uma conversa humana em aplicações como assistentes virtuais e chatbots.

79. Conversational Agents for Customer Support - Agentes conversacionais treinados para fornecer suporte ao cliente, oferecendo respostas automáticas a perguntas frequentes e resolução de problemas.

80. Conversational AI Analytics - Análise de interações de sistemas de inteligência artificial conversacional, tanto para melhorar a performance do sistema quanto para entender melhor o comportamento do usuário.

81. Conversational Data Annotation - Rotulagem de dados de conversas com anotações linguísticas, pragmáticas e semânticas para treinar e avaliar modelos de sistemas conversacionais.

82. Conversational Therapy Systems - Desenvolvimento de sistemas de terapia conversacional que utilizam NLP para fornecer apoio e aconselhamento psicológico, simulação de

sessões terapêuticas ou para suplementar o tratamento humano.

83. Convolution - Operação matemática utilizada principalmente no processamento de imagens e em redes neurais convolucionais para extrair características de dados espaciais.

84. Convolutional Neural Networks (CNNs) - Redes neurais projetadas para processar dados em forma de grade, como imagens, que têm sido vitais para avanços em visão computacional desde a década de 1980. Particularmente eficaz para tarefas de visão computacional e processamento de imagem.

85. Co-Occurrence Matrix - Uma matriz que representa quantas vezes cada palavra surge em contexto com outra nos dados, importante para entender relacionamentos e significados de palavras.

86. Cookie - Um pequeno arquivo que um site armazena no computador de um usuário contendo dados sobre as atividades do usuário.

87. Coreference Chains - Sequências de termos em um texto que se referem ao mesmo objeto ou conceito, cuja identificação é importante para a compreensão de texto.

88. Coreference Resolution - Determinação de quando duas ou mais expressões no texto se referem ao mesmo objeto ou entidade.

89. Corpus Cleaning - Processo de saneamento de conjuntos de dados linguísticos, removendo ou corrigindo dados imprecisos, duplicados ou irrelevantes.

90. Corpus Linguistics - Estudo de linguagem natural baseado na observação, análise e processamento de corpora (coleções estruturadas de textos).

91. Correlation-based Feature Selection - Técnica no pré-processamento de dados de NLP para selecionar características estatisticamente relevantes para a tarefa, reduzindo a dimensionalidade e melhorando o desempenho.

92. Cost Function - Similar à função de perda, é usada para definir o erro entre as previsões do modelo e os resultados reais, guiando a otimização.

93. COVID-19 and AI - Durante a pandemia de COVID-19, a IA foi usada para processar dados em grande escala, prever surtos, ajudar no desenvolvimento de vacinas e na triagem de pacientes.

94. Criptografia de dados - O processo de conversão de dados em um formulário codificado para evitar o acesso não autorizado, um aspecto essencial da segurança de dados.

95. CRNN - Convolutional Recurrent Neural Network (Rede Neural Convolucional Recorrente) – CRNN (Rede Neural Convolucional Recorrente) é uma arquitetura poderosa usada para reconhecimento de sequências baseadas em imagens.

O CRNN foi projetado para lidar diretamente com sequências de comprimento variável (como texto), sem a necessidade de segmentar caracteres individuais antecipadamente.

Em vez de dividir o texto em componentes separados, o CRNN trata o reconhecimento de texto como um problema de aprendizado sequencial com base na imagem de entrada.

Componentes:

1. Rede Neural Convolucional (CNN). A parte inicial do CRNN envolve uma CNN, que extrai características da imagem de entrada. Essas características capturam padrões e estruturas locais.

2. Rede Neural Recorrente (RNN). Após a CNN, uma RNN processa as características extraídas. As RNNs são adequadas para modelar dependências temporais e lidar com sequências de comprimento variável.

Aplicações:

1. Os CRNNs são comumente usados para tarefas como.

2. Reconhecimento de texto em cenas. Extrair texto de imagens (por exemplo, placas de rua, capas de livros).

3. OCR (Reconhecimento Óptico de Caracteres). Converter texto impresso ou manuscrito em texto legível por máquina.

4. Reconhecimento de fala. Lidar com sequências de áudio.

96. Cross-cultural Communication Analysis - Análise da comunicação entre culturas, utilizando NLP para detectar diferenças, mal-entendidos e para fazer ajustes sensíveis ao contexto cultural.

97. Cross-disciplinary Content Analysis - Análise de conteúdo que cruza disciplinas, utilizando NLP para explorar interseções entre campos distintos, como literatura e biologia ou direito e tecnologia.

98. Cross-Document Coreference Resolution - Identificação e vinculação de entidades e conceitos que aparecem em diferentes documentos, ajudando a consolidar informações e reduzir redundâncias.

99. Cross-Domain Named Entity Recognition - Reconhecimento de entidades nomeadas que funciona de forma robusta em diferentes domínios, minimizando a dependência de anotações específicas de um único domínio.

100. Cross-Domain NLP - Técnicas e modelos de NLP projetados para funcionar entre diferentes domínios ou tipos de texto, como notícias, literatura ou conversas informais.

101. Cross-Domain Transfer Learning - Técnica onde modelos de NLP desenvolvidos para uma área são adaptados para serem eficazes em outro domínio, o que é crucial para aplicar conhecimentos aprendidos em um conjunto de dados para outros onde os dados podem ser limitados.

102. Cross-Language Information Retrieval - Recuperação de informações escritas em um idioma diferente do idioma da consulta do usuário, o que requer tradução e adaptação linguística.

103. Cross-lingual Entity Linking - Vinculação de entidades mencionadas em textos de diferentes idiomas para uma entrada única em uma base de conhecimento, a fim de fornecer consistência e clareza interlinguística.

104. Cross-Lingual NLP - Processo de aplicação ou transferência de modelos de NLP treinados em um idioma para outros idiomas, visando superar a barreira linguística e aproveitar o conhecimento extraído de um idioma mais amplo ou diferente.

105. Cross-lingual Sentence Retrieval - Recuperação de sentenças ou informações relevantes em um idioma baseando-se em consultas feitas em outro idioma, intermediado por tradução ou representações linguísticas universais.

106. Cross-Lingual Word Embeddings - Representações vetoriais que são treinadas para funcionar em múltiplas línguas, permitindo a transferência de conhecimento de modelos entre idiomas.

107. Cross-Modal NLP - Técnicas de NLP que trabalham com dados de diferentes modalidades, como texto e imagem, para realizar tarefas como imagens de legenda ou responder a perguntas sobre conteúdo visual.

108. Cross-Site Scripting (XSS) - Uma vulnerabilidade de segurança normalmente encontrada em aplicativos da Web, que pode violar a privacidade dos usuários da Web e roubar dados.

109. Cross-Validation - Método para avaliar a generalização de um modelo de ML, dividindo os dados em conjuntos de treino e teste.

110. Crowdsourcing - Prática de obter serviços, ideias ou conteúdos solicitando contribuições de um grande número de pessoas, muitas vezes utilizada para coletar conjuntos de dados anotados para treinamento de IA.

111. Crowdsourcing Geoespacial - Coleta de informação geográfica a partir de um grande número de usuários ou contribuintes voluntários, muitas vezes através de plataformas online.

112. CTR - Click-Through Rate (Taxa de Cliques) - É uma métrica fundamental no marketing digital. Ela permite avaliar quais anúncios e campanhas têm bom desempenho e quais precisam de ajustes para alcançar melhores resultados.

113. CTRL - Conditional Transformer Language Model (Modelo de Linguagem de Transformer Condicional) – É um modelo de linguagem de transformador condicional, treinado para condicionar códigos de controle que governam o estilo, o conteúdo e o comportamento específico da tarefa.

114. Os códigos de controle foram derivados de uma estrutura que ocorre naturalmente com o texto bruto, preservando as vantagens do aprendizado não supervisionado e, ao

mesmo tempo, fornecendo um controle mais explícito sobre a geração de texto.

115. Cultural Adaptation in Machine Translation - Ajuste da tradução automática para refletir as nuances culturais, algo crítico para traduções entre culturas com grandes diferenças socioculturais.

116. Curated Dataset - Coleção de dados que foi manualmente melhorada para garantir maior qualidade, relevância e consistência, contrastando com dados brutos ou não curados.

117. Curiosity-Driven Learning - Estratégia de aprendizado por reforço onde os agentes são incentivados a explorar ambientes desconhecidos com base na novidade ou complexidade de seu estado, o que pode levar a uma melhor aprendizagem geral.

118. Curriculum Learning - Estratégia de treinamento de modelos de IA que começa com tarefas mais fáceis e gradualmente aumenta a dificuldade, aludindo à forma como os humanos aprendem.

119. Curva ROC - Receiver Operating Characteristic curve é um gráfico utilizado para avaliar o desempenho de um modelo de classificação, especialmente no contexto de problemas de classificação binária.

    Ela ilustra a capacidade diagnóstica de um classificador ao mudar o ponto de corte que determina como as previsões do modelo são categorizadas como uma classe ou outra.

Em um eixo da curva ROC, temos a taxa de verdadeiros positivos (TPR, ou Sensibilidade), que mostra a proporção de positivos reais que são corretamente identificados pelo modelo.

No outro eixo, está a taxa de falsos positivos (FPR, ou 1 - Especificidade), que indica a proporção de negativos reais que são incorretamente identificados como positivos.

O ponto de corte, ou limiar de discriminação, é um valor de probabilidade a partir do qual se decide se uma previsão é classificada como positiva ou negativa.

Uma Curva ROC traça a TPR contra a FPR em diferentes limiares de classificação. O desempenho de um classificador perfeito cairia no canto superior esquerdo do gráfico, com uma taxa de verdadeiros positivos de 1 (100%) e uma taxa de falsos positivos de 0.

Um modelo que faz previsões ao acaso seria representado por uma linha diagonal do canto inferior esquerdo (0,0) ao canto superior direito (1,1).

A qualidade da curva ROC pode ser quantificada por meio da área sob a curva (AUC - Area Under the Curve). Uma AUC de 1 indica um modelo perfeito; uma AUC de 0,5 sugere um desempenho não melhor do que um lançamento ao acaso, ao passo que uma AUC menor que 0,5 sugeriria um desempenho pior do que ao acaso, o que pode indicar que o modelo está fazendo as previsões invertidas e possivelmente poderia ser melhorado ao inverter as saídas.

A Curva ROC é particularmente útil porque mostra a troca (trade-off) entre sensibilidade e especificidade e ajuda a escolher o melhor ponto de corte para o classificador.

Este ponto de corte não é fixo e pode ser alterado conforme o custo de falsos positivos e falsos negativos mude de acordo com o contexto em que o modelo está aplicado.

Por exemplo, em diagnósticos médicos, um falso negativo (deixar de identificar uma doença quando ela está presente) pode ser muito mais grave do que um falso positivo (indicar a doença quando ela não está presente). Assim, pode-se optar por um ponto de corte que priorize a sensibilidade em detrimento da especificidade.

Além disso, a curva ROC permite aos pesquisadores compararem diferentes modelos de classificação de maneira visual e intuitiva. Se a curva de um modelo A está inteiramente acima da curva de um modelo B, pode-se concluir que o modelo A tem um desempenho melhor independente do ponto de corte escolhido.

A Curva ROC é amplamente utilizada em várias áreas, não se limitando a diagnósticos médicos, mas também em sistemas de reconhecimento de padrões, avaliação de risco de crédito, detecção de intrusão em redes de computadores, entre muitos outros campos onde é necessário medir a precisão de predições binárias.

120. Custom Corpus Creation - Criação de corpora customizados para treinamento de modelos de NLP com objetivos específicos, tais como corpora anotados para domínios específicos ou tipos de texto.

121. Custom Sentiment Lexicon Development - Desenvolvimento de léxicos de sentimentos personalizados que refletem nuances específicas de sentimentos em diferentes contextos ou comunidades.

122. Customer Lifetime Value Prediction - Utilização de IA para predizer o valor vitalício de clientes, permitindo às empresas otimizar estratégias de marketing e retenção.

123. Customer Needs Identification - Identificação das necessidades dos clientes através de NLP, analisando interações e feedbacks para informar o desenvolvimento de produtos e estratégias de marketing.

124. Customizable Chatbots for Businesses - Desenvolvimento de chatbots personalizáveis para empresas que podem ser ajustados para se adequar às necessidades específicas de interação e serviço ao cliente de diferentes setores.

125. Customizable NLP Pipelines - Construção de pipelines de processamento de linguagem natural que podem ser facilmente personalizados e adaptados para diferentes aplicações ou domínios.

126. CV (Computer Vision) Aplicado - Implementação de visão computacional para processar e analisar dados de imagens geoespaciais.

127. Cybernetics - Um campo interdisciplinar que estuda a estrutura reguladora de sistemas, o que é crucial para entender como máquinas de Turing, e por extensão IA, podem se auto-regularem e aprenderem.

128. Cybersecurity Framework - Diretrizes para gerenciar e reduzir riscos de segurança cibernética delineadas pelo NIST.

129. CYC - Projeto iniciado em 1984 por Douglas Lenat para construir uma base de conhecimento geral para IA.

4 Letra D.

1. Dados - Unidades de informação que servem como base para o aprendizado de máquinas.

2. Dados categóricos - Variáveis que contêm valores de rótulo em vez de valores numéricos, com o número de valores possíveis normalmente sendo limitado a um conjunto fixo, como sim/não ou vermelho/verde/azul.

3. Dados de Sensoriamento Remoto - Informações coletadas de sensores instalados em satélites ou aeronaves que monitoram e medem características da Terra.

4. Dados Estruturados - Informações com alto grau de organização, de modo que a inclusão em um banco de dados relacional é contínua e prontamente pesquisável.

5. Dados não estruturados - Informações que não possuem um modelo de dados predefinido ou não estão organizadas de forma predefinida, tornando mais complexo coletar, processar e analisar.

6. Dados Sujos - Dados que contêm erros ou imprecisões que devem ser limpos ou removidos antes que possam ser efetivamente usados em análise ou aprendizado de máquina.

7. DAO - Decentralized Autonomous Organization (Organização Autônoma Descentralizada).

8. Dark Web Monitoring - Serviço de cibersegurança que pesquisa continuamente partes da internet não indexadas

pelos motores de busca tradicionais para descobrir e proteger contra dados pessoais vendidos ou negociados ilegalmente.

9. Dartmouth Conference - A Conferência de Dartmouth de 1956 é um marco histórico significativo no campo da Inteligência Artificial (IA). Realizada na Dartmouth College em Hanover, Nova Hampshire, durante o verão daquele ano, ela é amplamente reconhecida por ter cunhado o termo "inteligência artificial" e estabelecido a IA como um campo acadêmico de pesquisa.

O evento foi proposto por John McCarthy, Marvin Minsky, Nathaniel Rochester e Claude Shannon, todos proeminentes cientistas naquela época.

A proposta original para a conferência, que se intitulava "The Dartmouth Summer Research Project on Artificial Intelligence", declarava um objetivo ambicioso: proceder ao estudo da conjectura de que todo o aspecto do aprendizado ou qualquer outra característica da inteligência pode, em princípio, ser tão precisamente descrito, que uma máquina pode ser feita para simulá-lo.

A proposta também sugeria que um grupo de especialistas se reunisse por cerca de dois meses para tentar alcançar um avanço significativo na produção de máquinas que usassem a linguagem, abstraíssem conceitos, resolvessem problemas reservados aos humanos e se aprimorassem.

O termo "inteligência artificial" foi proposto como um conceito abrangente que unificaria e daria legitimidade ao campo emergente de estudo sobre máquinas inteligentes.

A conferência reuniu cientistas de diferentes áreas, como matemática, lógica, psicologia e ciências da computação, incentivando a troca interdisciplinar de ideias.

Apesar de a conferência não ter produzido os avanços imediatos que seus organizadores esperavam, ela ajudou a lançar as bases para o desenvolvimento futuro da IA.

Os participantes e as discussões da conferência de Dartmouth impulsionaram pesquisas em áreas fundamentais para a IA, como algoritmos de aprendizado de máquina, reconhecimento de padrões, jogos estratégicos, representação de conhecimento, e muitos outros temas que continuam a ser cruciais até hoje.

A conferência de Dartmouth é, portanto, frequentemente considerada como o nascimento oficial da IA enquanto campo de pesquisa dedicado, promovendo um otimismo inicial sobre as capacidades futuras das máquinas inteligentes, que se propagaria pelas décadas seguintes.

Os participantes e seguidores dessa iniciativa pioneira estabeleceram uma agenda de pesquisa desafiadora que pretendiam perseguir nos anos vindouros.

Apesar de as ambições de dois meses terem sido retrospectivamente vistas como excessivamente otimistas, a conferência deu início a projetos de longo prazo que desenvolveriam as fundações do que conhecemos hoje como inteligência artificial.

Algumas das áreas que emergiram a partir desses primeiros dias da IA incluem a resolução de problemas e simbolismo, redes neurais e aprendizado automático, linguagens de programação específicas para IA, como LISP, e muitas técnicas que são hoje padrão na construção do conhecimento de IA.

Ao longo das décadas após a Conferência de Dartmouth, houve uma série de ciclos de hiper-otimismo e períodos de desilusão, conhecidos como "invernos da IA", mas a conferência de 1956 permanece como um ponto de referência simbólico para a ingenuidade, visão e aspirações da comunidade de pesquisa da IA na época.

Os participantes dessa conferência poderiam não prever a complexidade dos desafios que enfrentariam, mas seu legado de colaboração e inovação interdisciplinar ecoa até os nossos dias.

A IA desenvolveu-se significativamente desde a Conferência de Dartmouth, permeando vários aspectos da vida moderna e continuando a se expandir em potencial e aplicação prática.

A revisitação dessa conferência é um lembrete tanto do progresso que fizemos quanto da jornada contínua que a IA representa na exploração das fronteiras cognitivas e técnica.

10. Data Annotation - A criação de conjuntos de dados anotados para treinamento de IA, considerado um passo crucial na preparação de dados para modelos de aprendizado supervisionado.

11. Data Augmentation - Técnica de criação de novos dados de treinamento a partir dos dados originais através da

aplicação de transformações para aumentar a quantidade e a diversidade dos dados.

12. Data Augmentation in NLP - Aumento de dados para NLP, utilizando técnicas como a geração sintética de texto e a modificação de corpora existentes, para melhorar o desempenho dos modelos sem coletar mais dados humanamente anotados.

13. Data Breach Response Plan - A structured approach to addressing and managing the aftermath of a security breach or cyberattack.

14. Data Discovery - O processo de identificação de dados confidenciais ou regulamentados dentro do ecossistema de TI de uma organização, importante para a conformidade com a privacidade.

15. Data Erasure - O processo de remover dados de um sistema de computador completamente, garantindo que a recuperação de dados não seja possível.

16. Data Fusion em Geoprocessamento - Combinação de dados de múltiplas fontes e sensores para criar uma representação geoespacial mais rica e precisa.

17. Data Imputation - O processo de substituir dados faltantes por valores estimados para permitir que algoritmos de ML funcionem com conjuntos de dados completos.

18. Data Integrity - A manutenção e a garantia da precisão e consistência dos dados ao longo de todo o seu ciclo de vida são fundamentais para a confiabilidade desses dados.

19. Data Lake - Um repositório de armazenamento que armazena uma grande quantidade de dados brutos em seu formato nativo até que sejam necessários para fins de análise.

20. Data Mart - Um subconjunto de um data warehouse focado em uma determinada linha de negócios, departamento ou área de assunto.

21. Data Masking - Um método de criar uma versão estruturalmente semelhante, mas inautêntica, dos dados de uma organização com a finalidade de proteger a privacidade dos dados.

22. Data Mining - O processo de extração de conhecimento útil a partir de grandes conjuntos de dados, que se tornou um aplicativo chave da IA nos negócios e na ciência desde os anos 90.

23. Data Mining Espacial - Extração de informações úteis e padrões de grandes bases de dados geoespaciais por meio de algoritmos de IA e técnicas estatísticas.

24. Data Partitioning - Divisão do conjunto de dados em subconjuntos, como conjuntos de treinamento, validação e teste, para treinar e avaliar modelos de ML.

25. Data Pipeline - Conjunto de elementos de processamento de dados conectados em série, onde a saída de um elemento é a entrada do próximo; usado para mover e transformar dados.

26. Data Poisoning Detection in NLP Data Sets - Detecção de envenenamento de dados em conjuntos de dados de NLP

onde entradas maliciosas podem ter sido introduzidas para afetar o comportamento do modelo resultante.

27. Data Portability - A exigência do GDPR de que os indivíduos tenham o direito de receber seus dados pessoais e transferi-los para outro controlador.

28. Data Preprocessing - Etapa crucial no ML que envolve limpeza, transformação e organização de dados brutos antes de alimentar um modelo de treinamento.

29. Data Privacy - A relação entre IA e a proteção de dados pessoais, que se tornou uma questão premente com o avanço das capacidades de coleta e análise de dados.

30. Data Sovereignty - O conceito de que as informações que foram convertidas e armazenadas em formato digital estão sujeitas às leis do país em que estão localizadas.

31. Data Stewardship - O gerenciamento e a supervisão dos ativos de dados de uma organização para fornecer aos usuários corporativos dados de alta qualidade que são facilmente acessíveis de maneira consistente.

32. Data Synthesis - O processo de criação de dados artificiais que visa ser indistinguível de dados reais, que podem proteger a privacidade individual ao usar grandes conjuntos de dados para análise.

33. Data Warehouse - Um data warehouse é um tipo de sistema de gerenciamento de dados projetado para ativar e fornecer suporte às atividades de business intelligence (BI), especialmente a análise avançada.

Os data warehouses destinam-se exclusivamente a realizar consultas e análises avançadas e geralmente contêm grandes quantidades de dados históricos. Os dados em um data warehouse geralmente são derivados de uma ampla variedade de fontes, como arquivos de log de aplicativos e aplicativos de transações.

Um data warehouse centraliza e consolida grandes quantidades de dados de várias fontes. Seus recursos analíticos permitem que as organizações obtenham informações de negócios úteis de seus dados para melhorar a tomada de decisões.

Com o tempo, cria-se um registro histórico que pode ser inestimável para cientistas de dados e analistas de negócios. Devido a esses recursos, um data warehouse pode ser considerado como a "única fonte confiável" de uma organização.

Para mais informa Metodologia para desenvolimento de Data Warehouse ções sobre Data Warehousing sugiro consultar a coleção Processo de Data Warehousing do Prof. Marcão. Disponível nas plataformas da Amazon.

34. Data Wrangling - O processo de limpeza, estruturação e enriquecimento de dados brutos em um formato desejado e utilizável para análise ou modelagem preditiva.

35. Data-Centric Security - Uma abordagem em que as medidas de segurança se concentram nos próprios dados, em vez das redes, servidores ou aplicativos que hospedam os dados.

36. Data-driven Lexicography - Criação e atualização de dicionários e léxicos baseados na análise de grandes

volumes de dados de texto, refletindo o uso atual da linguagem.

37. Dataset - Coleção de dados usados para treinar modelos de ML.

38. Debate Analysis and Modeling - Análise e modelagem de debates, incluindo identificação de argumentos, contra-argumentos, e a estrutura geral da discussão para facilitar a compreensão dos pontos de vista apresentados.

39. DeBERTa - Decoding-enhanced BERT with disentangled attention (BERT Aprimorado com Decodificação e Atenção Disentrelaçada).

40. Decidable Problems - Classe de problemas que podem ser resolvidos por uma máquina de Turing em um número finito de passos.

41. Decision Boundary - Em IA, a fronteira na qual um algoritmo de aprendizado de máquina toma uma decisão de classificação, análogo ao processo de decisão lógica numa máquina de Turing.

42. Decision Trees - Modelo de ML que usa uma estrutura em árvore para tomar decisões, ideal para classificação e regressão. Modelo preditivo que mapeia observações sobre um item para conclusões sobre o alvo.

43. Decision Trees - Modelo preditivo que mapeia observações sobre um item para conclusões sobre o alvo de interesse, útil para classificação e regressão.

44. Deep Belief Networks - Uma arquitetura de rede neural que consiste em múltiplas camadas de unidades estocásticas e é treinada camada por camada, podendo ser utilizada para tarefas de classificação e regressão.

45. Deep Blue - Computador de xadrez da IBM que derrotou Garry Kasparov em 1997, um marco na IA aplicada a jogos.

46. Deep Deterministic Policy Gradient (DDPG) - Algoritmo de Reinforcement Learning que aprende políticas em espaços de ação contínuos e é combinado com aprendizagem profunda.

47. Deep Learning - Subconjunto de machine learning composto por redes neurais com várias camadas que simulam o cérebro humano para reconhecimento de padrões e aprendizado de dados.

48. Deep Learning em Geoprocessamento - Uso de redes neurais profundas para reconhecimento de padrões e classificação em dados geoespaciais.

49. Deep Learning Indaba - Comunidade de pesquisa e desenvolvimento de inteligência artificial na África.

50. DeepFakes - O uso de IA, especialmente GANs, para criar vídeos falsos convincentes, levantou preocupações sobre desinformação e a ética da IA.

51. DeepMind - Empresa de IA adquirida pela Google em 2014, conhecida pelo desenvolvimento de AlphaGo e avanços contínuos em aprendizado de máquina.

52. De-identification - O processo de remoção de informações pessoalmente identificáveis de conjuntos de dados, para que as pessoas que os dados descrevem permaneçam anônimas.

53. De-identification in Clinical Text - Remoção ou anonimização de informações de identificação pessoal em textos clínicos para proteger a privacidade do paciente, ao mesmo tempo que permite a utilização desses dados para pesquisa.

54. Denoising Autoencoders - Variação do autoencoder projetada para remover ruído dos dados de entrada, aprendendo a representar os dados em uma forma mais limpa e essencial.

55. Dependency Grammar - Formalismo gramatical que se baseia nas relações (dependências) entre as palavras em uma frase, utilizado para análise de estrutura sintática.

56. Dependency Graph Construction - Criação de grafo de dependência que representa as relações gramaticais entre palavras em uma sentença, utilizado em análises sintáticas avançadas.

57. Dependency Parsing - Análise que identifica as relações de dependência entre palavras em uma sentença, como quem é sujeito ou objeto de um verbo.

58. Dependency Relations - Relações entre palavras em uma sentença que formam a base da estrutura sintática em análises de dependência.

59. Depthwise Separable Convolutions - Tipo de convolução utilizada em redes neurais profundas que separa o

aprendizado dos filtros espaciais dos filtros de canal, reduzindo a complexidade computacional e o número de parâmetros.

60. Depuração de dados - O processo de alteração ou remoção de dados em um banco de dados incorreto, incompleto, formatado incorretamente ou duplicado.

61. Descoberta de conhecimento - O processo geral de descoberta de conhecimento útil a partir de dados, que é um processo central na prática de mineração de dados.

62. Detecção de anomalias - Identificação de itens, eventos ou observações que não estão de acordo com um padrão esperado ou outros itens em um conjunto de dados. Identificação de uma observação, evento ou ponto que se desvia significativamente do restante do conjunto de dados.

63. Detecção de Objetos via Satélite - Uso de IA para identificar e classificar objetos em imagens capturadas por satélites.

64. Detecção de Outlier - Identificação de pontos ou padrões anormais em dados que não estão de acordo com noções bem definidas de comportamento normal.

65. Detecção de viés - Identificação de vieses potenciais em dados ou algoritmos de IA que podem levar a resultados distorcidos.

66. Deterministic Turing Machine - Máquina de Turing onde as ações são unicamente determinadas pela configuração atual e pelo símbolo lido pela cabeça de leitura/gravação.

67. Dialect Processing - Análise e processamento de variações linguísticas regionais ou sociais, permitindo que os sistemas de NLP entendam e gerem linguagem adaptada a contextos específicos.

68. Dialectal Variance Handling - Processamento e compreensão das variações dialetais dentro de uma mesma língua que podem afetar a interpretação e a geração de linguagem.

69. Dialog Act Classification - Classificação de partes de um diálogo por suas funções, como saudação, solicitação ou recusa, essencial para processamento de diálogo automático.

70. Dialog Management - Componentes de sistemas de dialog que lidam com o estado do diálogo e a seleção de respostas adequadas com base no contexto e na interação do usuário.

71. Dialog Systems - Sistemas de IA que têm a capacidade de se envolver em diálogos significativos com humanos, um subcampo do NLP.

72. Dialogue Acts - Unidades funcionais em um diálogo que representam a intenção do falante, como afirmar, questionar ou solicitar, importantes para interpretar corretamente as comunicações.

73. Dialogue Breakdown Detection - Identificação de pontos em que a comunicação entre um usuário e um sistema de diálogo falha ou se torna incoerente, facilitando intervenções para restaurar a eficácia da interação.

74. Dialogue Generation - Geração automática de respostas realistas em um diálogo, tipicamente realizada por modelos de sequência a sequência ou redes neurais específicas.

75. Dialogue Intent Discovery - Identificação de novas intenções em sistemas de diálogo através de aprendizado não supervisionado ou métodos semi-supervisionados.

76. Dialogue Management in NLP - Gerenciamento da troca de informações e do estado do diálogo em sistemas interativos, o que inclui a escolha de respostas, o gerenciamento do contexto do diálogo e o acompanhamento dos objetivos do usuário.

77. Dialogue Management in Role-playing Games - Gestão de diálogos em jogos de interpretação de personagens (RPGs), onde NLP é usado para criar diálogos dinâmicos e responsivos às ações e escolhas dos jogadores.

78. Dialogue Planning - O processo de planejamento da estrutura e conteúdo de diálogos em sistemas de conversação, garantindo que o fluxo da conversa seja natural e efetivo.

79. Dialogue Policy Learning - Desenvolvimento de estratégias ou políticas para sistemas de diálogo interativos que definem a próxima ação ou resposta a ser dada com base no estado atual do diálogo.

80. Dialogue State Tracking - Acompanhamento do estado de diálogos em ability Assessment - Avaliação automatizada da legibilidade do texto, utilizando NLP para identificar o nível de dificuldade e adaptar materiais para audiências com diferentes competências em leitura.

81. Dialogue System A/B Testing - Teste comparativo de diferentes versões de sistemas de diálogo para identificar qual delas tem o melhor desempenho em termos de experiência do usuário, precisão na resposta e outros KPIs (Key Performance Indicators).

82. Dialogue Systems - Sistemas de NLP projetados para conversar com os usuários, como assistentes virtuais e chatbots.

83. Dialogue Systems Evaluation - Métodos para avaliar a eficácia dos sistemas de diálogo, incluindo a relevância das respostas, o entrosamento da conversa e a satisfação do usuário.

84. Differential Privacy - Um sistema para compartilhar publicamente informações sobre um conjunto de dados, descrevendo os padrões de grupos dentro do conjunto de dados enquanto retém informações sobre indivíduos no conjunto de dados.

85. Digital Assistants - Evolução contínua dos assistentes digitais movidos a IA demonstrando melhorias na personalização e interação com os usuários.

86. Digital Surface Model (DSM) - Modelo que representa a superfície da Terra, incluindo todos os objetos sobre ela, usado para análise de visibilidade e planejamento urbano.

87. Digital Twins - Criação de representações digitais de objetos ou sistemas do mundo real, que incluem componentes geoespaciais para simulações e análises detalhadas.

88. Dilated Convolutions - Variação da operação de convolução usada em redes neurais convolucionais que permite a captura de informação em uma área maior do espaço de entrada sem aumentar o número de parâmetros.

89. Dimensionality Reduction: Redução do número de variáveis aleatórias sob consideração, obtida através da obtenção de um conjunto de variáveis principais.

90. Disaster Response with NLP - Emprego de NLP na análise de comunicações durante desastres para melhorar a resposta de emergência, como identificar pedidos de ajuda ou informar sobre condições de segurança.

91. Discourse Analysis - Estudo da estrutura de textos e falas além da frase, focando na coesão e coerência entre sentenças em um discurso ou diálogo.

92. Discourse Connectives - Palavras ou frases que conectam componentes de um texto ou discurso para construir fluidez lógica e coesão, por exemplo, conjunções como "e", "mas", ou expressões como "por outro lado".

93. Discourse Parsing - Análise da estrutura de discurso de um texto para entender como as sentenças ou ideias se conectam e interagem, importante para compreensão profunda e resumo de texto.

94. Discretização - Processo de transformar variáveis contínuas em variáveis discretas, criando um conjunto de intervalos contíguos que abrangem o intervalo dos valores da variável.

95. Disfluency Detection - Identificação e remoção de interrupções, repetições e correções em texto transcrevido a partir da fala, melhorando a legibilidade e o processamento.

96. Distributed AI - Estuda sistemas de IA aonde múltiplas entidades trabalham em conjunto, distribuindo tarefas para alcançar um objetivo comum.

97. Distributed Machine Learning - Prática de dividir o trabalho de treinamento de modelos de aprendizado de máquina em múltiplas unidades de processamento ou dispositivos para reduzir o tempo de treinamento e lidar com grandes volumes de dados.

98. Distributed Representation - Representação de informações através de um vetor de características, onde cada dimensão do vetor corresponde a um atributo abstrato e ajuda em aprender regularidades nos dados.

99. DL - Deep Learning, uma técnica de ML que usa redes neurais de múltiplas camadas.

100. DNT - Do Not Track, Uma configuração do navegador da Web que solicita que um aplicativo Web desabilite o rastreamento de um usuário individual.

101. Document Categorization – A Categorização de Documentos é um processo sistemático que envolve a organização de documentos em categorias pré-definidas com base em seu conteúdo temático.

Este processo é uma peça central da gestão da informação e é fundamental para estruturar e acessar grandes volumes de dados textuais de forma eficiente.

Encontra aplicativos em sistemas de bibliotecas, na organização de arquivos digitais, na classificação de e-mails, na gestão de conteúdo empresarial, entre outros.

A categorização pode ser realizada manualmente por especialistas humanos ou automaticamente através de sistemas de filtragem de conteúdo que utilizam algoritmos de aprendizado de máquina.

O processo manual é intensivo em tempo e pode ser suscetível a inconsistências decorrentes de julgamento humano. Por outro lado, o processo automatizado busca melhorar a precisão e a eficiência pela aplicação de técnicas computacionais para identificar padrões e características nos textos que são indicativos de determinadas categorias.

Na automatização da categorização de documentos, são comumente utilizadas as seguintes abordagens:

1. Classificação baseada em regras. Um sistema que usa um conjunto de regras manuais ou semi-automáticas para classificar documentos. Estas regras podem consistir em palavras-chave específicas, frases ou padrões.

2. Classificação supervisionada. Modelos de aprendizado de máquina são treinados com conjuntos de dados de exemplo, onde os documentos já estão categorizados. Algoritmos como Naive Bayes, Support Vector Machines

(SVM) e redes neurais são exemplos de técnicas utilizadas nesta abordagem.

3. Classificação não supervisionada (clustering). Usa algoritmos que identificam agrupamentos naturais de documentos semelhantes sem a necessidade de exemplos pré-categorizados. O método K-means e a modelagem de tópicos, como o Latent Dirichlet Allocation (LDA), são exemplos de técnicas empregadas aqui.

4. Classificação semi-supervisionada. Combina um pequeno conjunto de dados categorizados com grandes conjuntos de dados não etiquetados para criar um modelo que pode classificar novos documentos.

Os sistemas modernos de categorização de documentos também podem empregar técnicas de process amento de linguagem natural (PLN) para melhor compreender o conteúdo e o contexto dos documentos.

Essas técnicas incluem o processamento de texto para identificar entidades nomeadas, extrair relações, entender a semântica por trás de frases complexas e reconhecer a intenção e o sentimento.

Além dos métodos de aprendizado de máquina, a categorização de documentos também pode se beneficiar de uma abordagem híbrida que utiliza técnicas de PLN avançadas em conjunto com regras definidas por especialistas do domínio.

Isso pode garantir uma precisão maior, adaptando as ferramentas de classificação automática às necessidades específicas de um contexto ou indústria.

A eficácia dessa categorização é avaliada por meio de métricas como precisão (qual proporção dos documentos identificados como pertencendo a uma categoria são realmente dessa categoria), recall (qual proporção dos documentos que deveriam ter sido identificados como pertencentes a uma categoria foram de fato identificados) e a medida F1 (uma média harmônica entre precisão e recall).

A otimização dessas métricas é uma parte essencial do desenvolvimento e da avaliação de sistemas de classificação de documentos.

A categorização automatizada de documentos desempenha um papel cada vez mais importante à medida que o volume de informações digitais cresce exponencialmente.

As organizações recorrem a esses sistemas para organizar e encontrar informações de forma rápida e eficiente. Isso é crucial não apenas para a gestão de conhecimento interna, mas também para oferecer melhores serviços de busca e recomendação para usuários finais, como em portais de notícias, motores de busca acadêmicos e lojas online.

A tecnologia de categorização da informação continua a evoluir, abrindo caminho para sistemas cada vez mais sofisticados e inteligentes de gerenciamento da informação.

102. Document Classification - Atribuição de categorias ou etiquetas a documentos completos baseados em seu conteúdo, uma forma mais ampla da classificação de texto.

103. Document Retrieval - Recuperação automatizada de documentos com base na relevância para consultas de busca, fundamental para sistemas de recuperação de informação e motores de pesquisa.

104. Document Retrieval - Recuperação automatizada de documentos com base na relevância para consultas de busca, fundamental para sistemas de recuperação de informação e motores de pesquisa.

105. Document Summarization - A criação de resumos concisos a partir de documentos mais longos, preservando as informações mais importantes e relevantes.

106. Domain Adaptation - Técnica em aprendizado de máquina onde um modelo é ajustado para performar bem em um domínio de dados diferente do qual foi originalmente treinado.

107. Domain-Specific Language Model Training - Treinamento de modelos de linguagem em corpora especializados, para melhor entender a terminologia, o estilo e as nuances de setores específicos, como jurídico, médico ou técnico.

108. DQN (Deep Q-Network) (Rede Q Profunda). - Desenvolvido pela DeepMind em 2013, este algoritmo de aprendizado por reforço combina Q-learning com redes neurais profundas.

109. Driverless Car Regulations - Medidas legislativas começaram a ser implantadas na década de 2010 para abordar o crescimento dos carros autônomos e seu impacto na sociedade.

110. DRM - Digital Rights Management, tecnologias que controlam o uso de conteúdo digital pós-venda para proteger a privacidade e os direitos dos produtores de conteúdo.

111. Drones para Coleta de Dados - Uso de veículos aéreos não tripulados para capturar imagens aéreas e recolher dados geoespaciais de alta resolução.

112. Dropout - Técnica de regularização usada nas redes neurais que envolve desativar aleatoriamente neurônios durante o treinamento para prevenir o overfitting.

113. Dropout Rate - A probabilidade que cada neurônio em uma rede neural será removido durante a fase de treinamento, parte da técnica de dropout para reduzir o risco de overfitting.

114. DSAR - Data Subject Access Request, um direito dos indivíduos de solicitar acesso aos seus dados pessoais.

115. Dual Learning - Método de aprendizado de máquina onde dois modelos são treinados simultaneamente, com cada um fornecendo feedback ao outro, frequentemente utilizado em tradução de máquina.

116. Dynamic FAQ Generation - Geração dinâmica de Perguntas Frequentes (FAQs) a partir da análise de interações com o cliente usando NLP, assegurando que as questões mais comuns sejam respondidas eficientemente.

117. Dynamic Knowledge Graph Update - Atualização dinâmica de grafos de conhecimento à medida que novas

informações são obtidas, mantendo a base de conhecimento atualizada e relevante.

5 Conclusão.

Ao longo deste primeiro volume de "O Glossário Definitivo da Inteligência Artificial", exploramos uma vasta gama de termos e conceitos fundamentais que moldam o universo da IA.

Desde as definições mais técnicas, como algoritmos, aprendizado supervisionado e redes neurais, até os conceitos amplos de big data e curadoria de dados, oferecemos uma visão abrangente que facilita o entendimento e a aplicação prática dessas tecnologias.

Este livro destacou a importância dos dados como a base da IA elucidando como a qualidade, o volume e a estrutura dos dados são essenciais para que a inteligência artificial possa operar de maneira eficaz e fornecer insights relevantes.

Também discutimos as principais aplicações da IA em setores diversos, como saúde, finanças e governança, mostrando como a tecnologia já está transformando a forma como vivemos e trabalhamos.

Além disso, cada termo foi contextualizado com exemplos práticos, fornecendo ao leitor uma compreensão realista de como essas inovações estão sendo implementadas no mundo moderno.

Enquanto avançamos para uma era onde a Inteligência Artificial se torna cada vez mais presente, surge uma questão essencial: até onde queremos que essa tecnologia vá e sob quais valores ela deve ser desenvolvida?

A IA tem o potencial de resolver problemas globais, otimizar processos, aumentar a eficiência e criar novas oportunidades. No entanto, com esse grande poder, vem a necessidade de responsabilidade.

O papel da humanidade não é apenas o de desenvolver tecnologias cada vez mais sofisticadas, mas também o de guiar esse progresso com base em princípios éticos, transparência e justiça. As trajetórias que a IA pode seguir são diversas: de um futuro amplamente automatizado e eficiente a cenários onde os desafios éticos e o uso indevido da tecnologia podem criar desigualdades e desconfianças.

É fundamental que escolhamos um caminho onde a IA não substitua o humano, mas colabore para o bem comum, promovendo inovação ao mesmo tempo em que preserva os direitos, a privacidade e a dignidade humana.

O verdadeiro potencial da IA não está apenas em sua capacidade de aprender e evoluir, mas em como ela pode ser moldada por nós, para um futuro mais justo e inclusivo.

Este livro é apenas um passo de uma jornada essencial no campo da inteligência artificial. Este volume é parte de uma coleção maior, "Inteligência Artificial: O Poder dos Dados", com 49 volumes que exploram, em profundidade, diferentes aspectos da IA e da ciência de dados.

Os demais volumes abordam temas igualmente cruciais, como a integração de sistemas de IA, a análise preditiva e o uso de algoritmos avançados para tomada de decisões.

Ao adquirir e ler os demais livros da coleção, disponíveis na Amazon, você terá uma visão holística e profunda que permitirá não só otimizar a governança de dados, mas também potencializar o impacto da inteligência artificial nas suas operações.

6   Referências bibliográficas.

ALPAYDIN, E. (2020). Introduction to Machine Learning (4th ed.). MIT Press.

CLARK, K., MANNING, C.D. (2015). Entity-Centric Coreference Resolution with Model Stacking. In: Proceedings of the 53rd Annual Meeting of the Association for Computational Linguistics. p. 1405-1415. DOI: 10.3115/v1/P15-1136.

COHEN, J.E. (2012). Configuring the Networked Self. Law, Code, and the Play of Everyday Practice. Yale University Press.

DeepMind Technologies Limited. (2016). Mastering the game of Go with deep neural networks and tree search. Nature.

FAN, A., LEWIS, M., DAUPHIN, Y. (2017). Hierarchical Neural Story Generation. In: arXiv preprint arXiv:1805.04833.

FORSYTH, Ponce. (2011). Computer Vision. A Modern Approach (2rd ed.). Pearson India.

FU, Z., XIANG, T., KODIROV, E., & GONG, S. (2017). Zero-shot learning on semantic class prototype graph. IEEE Transactions on Pattern Analysis and Machine Intelligence, 40(8), 2009–2022.

GOERTZEL, B. (2014). Artificial general intelligence. concept, state of the art, and future prospects. Journal of Artificial General Intelligence, 5(1), 1.

GOODFELLOW I.J., POUGET-ABADIE J., MIRZA M., XU B., WARDE-FARLEY D., OZAIR S., COURVILLE A., BENGIO Y. (2014). Generative Adversarial Nets. In: Advances in neural information processing systems. p. 2672–2680.

GUO, B., Zhang, X., WANG, Z., Jiang, M., NIE, J., DING, Y., YUE, J., & Wu, Y. (2023). How close is ChatGPT to human experts? Comparison corpus, evaluation, and detection. ar Xiv preprint arXiv.2301.07597.

HAWKINS, J., & BLAKESLEE, S. (2004). On Intelligence. New York. Times Books.

HEILMAN, M., SMITH, N.A., ESKENAZI, M. (2010). Question Generation via Overgenerating Transformations and Ranking. In: Machine Learning Journal, 80, 3, p. 263-287.

HOLTZMAN, A., BUYS, J., DU, L., FORBES, M., Choi, Y. (2020). The Curious Case of Neural Text Degeneration. In: ICLR 2020: Eighth International Conference on Learning Representations.

HOWARD, J., & RUDER, S. (2018). Universal Language Model Fine-tuning for Text Classification. arXiv:1801.06146. https://arxiv.org/abs/1801.06146

JORDAN, M. I., & MITCHELL, T. M. (2015). Machine learning. Trends, perspectives, and prospects. Science, 349(6245), 255-260.

KUNDU, G., PORIA, S., HAZARIKA, D., & CAMBRIA, E. (2018). A deep ensemble model with slot alignment for sequence-to-sequence natural language generation from semantic tuples. arXiv:1805.06553. https://arxiv.org/abs/1805.06553

KURZWEIL, R. (2012). How to Create a Mind. The Secret of Human Thought Revealed. Gerald Duckworth & Co Ltd.

LECUN, Y., BENGIO, Y., & HINTON, G. (2015). Deep learning. Nature, 521(7553), 436-444.

MITTELSTADT, B. D., ALLO, P., & FLORIDI, L. (2016). The ethics of algorithms. Mapping the debate. In Data & Society Initiative. Oxford. Oxford Internet Institute.

MURPHY, R. R. (2019). Introduction to AI Robotics (2nd ed.). MIT Press.

NEWMAN, D. (2019). How AI Is Streamlining Marketing and Sales. Harvard Business Review. Recuperado de https.//hbr.org.

NISSENBAUM, H. (2010). Privacy in Context. Technology, Policy, and the Integrity of Social Life. Stanford University Press.

ALE, F. (2015). The Black Box Society. The Secret Algorithms That Control Money and Information. Harvard University Press.

PINTO, M.V (2024 -1). Artificial Intelligence – Essential Guide. ISBN: 979-8322751175. Independently published. ASIN: B0D1N7TJL8.

PINTO, M.V (2024-2). Data Governance Deployment Guide. ISBN: 979-8875862090. Independently published. ASIN: B0CS6XJKRN.

PINTO, M.V (2024-3). Data Governance for Artificial Intelligence. ISBN: 979-8322647164. Independently published. ASIN: B0D1K3R1C7.

RADFORD, A., NARASIMHAN, K., SALIMANS, T., & SUTSKEVER, I. (2018). Improving Language Understanding with Unsupervised Learning. Technical report, OpenAI.

RUSSELL, S., & NORVIG, P. (2016). Artificial Intelligence. A Modern Approach (3rd ed.). Pearson Education.

S.A. CAMBO and D. GERGLE, User-Centred Evaluation for Machine Learning, in. Human and Machine

SHALEV-SHWARTZ, S., & BEN-DAVID, S. (2014). Understanding Machine Learning. From Theory to Algorithms. Cambridge University Press.

SHMUELI, G., & KOPPIUS, O.R. (2011). Predictive Analytics in Information Systems Research. Management Information Systems Quarterly, 35(3), 553-572.

SMITH, J. (2020). The Role of Databases in Artificial Intelligence. Journal of Data Science, 15(2), 123-136.

STRUBELL, E., GANESH, A., & MCCALLUM, A. (2019). Energy and policy considerations for deep learning in NLP. arXiv preprint arXiv.1906.02243.

SUTTON, R. S., & BARTO, A. G. (2018). Reinforcement learning. An introduction. Bradford Books

TABOADA, M., BROOKE, J., TOFILOSKI, M., VOLL, K., & STEDE, M. (2011). Lexicon-Based Methods for Sentiment Analysis. Computational Linguistics, 37(2), 267-307. https://doi.org/10.1162/COLI_a_00049

TURING, A. (1950). "Computing Machinery and Intelligence". IN. Mind, Volume 59, Number 236, pp. 433-460. Edinburgh. Thomas Nelson & Sons.

VENUGOPALAN, S., ROHRBACH, M., DONAHUE, J., MOONEY, R., DARRELL, T., SAENKO, K. (2015). Sequence to Sequence - Video to Text. In: Proceedings of the IEEE international conference on computer vision. p. 4514–4522. DOI: 10.1109/ICCV.2015.515.

VON AHN, L., & DABBISH, L. (2004). Labeling images with a computer game. In Proceedings of the SIGCHI Conference on Human Factors in Computing Systems (pp. 319–326).

WANG, Y., SKERRY-RYAN, R., STANTON, D., WU, Y., WEISS, R.J., JAITLY, N., YANG, Z., XIAO, Y., CHEN, Z., BENGIO, S., LE, Q., AGIOMYRGIANNAKIS, Y., CLARK, R., SAUROUS, R.A. (2017). Tacotron: Towards End-to-End Speech Synthesis. In: arXiv preprint arXiv:1703.10135.

WONG, M. (2020). Data Normalization and Quality Assurance in Artificial Intelligence. International Conference on Data Engineering.

YOUNG, T., HAZARIKA, D., PORIA, S., CAMBRIA, E. (2018). Recent Trends in Deep Learning Based Natural Language Processing. In: IEEE Computational Intelligence Magazine, 13(3), p. 55-75. DOI: 10.1109/MCI.2018.2840738.

7 Descubra a Coleção Completa "Inteligência Artificial e o Poder dos Dados" – Um Convite para Transformar sua Carreira e Conhecimento.

A Coleção "Inteligência Artificial e o Poder dos Dados" foi criada para quem deseja não apenas entender a Inteligência Artificial (IA), mas também aplicá-la de forma estratégica e prática.

Em uma série de volumes cuidadosamente elaborados, desvendo conceitos complexos de maneira clara e acessível, garantindo ao leitor uma compreensão completa da IA e de seu impacto nas sociedades modernas.

Não importa seu nível de familiaridade com o tema: esta coleção transforma o difícil em didático, o teórico em aplicável e o técnico em algo poderoso para sua carreira.

7.1 Por Que Comprar Esta Coleção?

Estamos vivendo uma revolução tecnológica sem precedentes, onde a IA é a força motriz em áreas como medicina, finanças, educação, governo e entretenimento.

A coleção "Inteligência Artificial e o Poder dos Dados" mergulha profundamente em todos esses setores, com exemplos práticos e reflexões que vão muito além dos conceitos tradicionais.

Você encontrará tanto o conhecimento técnico quanto as implicações éticas e sociais da IA incentivando você a ver essa tecnologia não apenas como uma ferramenta, mas como um verdadeiro agente de transformação.

Cada volume é uma peça fundamental deste quebra-cabeça inovador: do aprendizado de máquina à governança de dados e da ética à aplicação prática.

Com a orientação de um autor experiente, que combina pesquisa acadêmica com anos de atuação prática, esta coleção é mais do que um conjunto de livros – é um guia indispensável para quem quer navegar e se destacar nesse campo em expansão.

7.2   Público-Alvo desta Coleção?

Esta coleção é para todos que desejam ter um papel de destaque na era da IA:
- ✓ Profissionais da Tecnologia: recebem insights técnicos profundos para expandir suas habilidades.

- ✓ Estudantes e Curiosos: têm acesso a explicações claras que facilitam o entendimento do complexo universo da IA.

- ✓ Gestores, líderes empresariais e formuladores de políticas também se beneficiarão da visão estratégica sobre a IA, essencial para a tomada de decisões bem-informadas.

- ✓ Profissionais em Transição de Carreira: Profissionais em transição de carreira ou interessados em se especializar em IA encontram aqui um material completo para construir sua trajetória de aprendizado.

7.3   Muito Mais do Que Técnica – Uma Transformação Completa.

Esta coleção não é apenas uma série de livros técnicos; é uma ferramenta de crescimento intelectual e profissional.

Com ela, você vai muito além da teoria: cada volume convida a uma reflexão profunda sobre o futuro da humanidade em um mundo onde máquinas e algoritmos estão cada vez mais presentes.

Este é o seu convite para dominar o conhecimento que vai definir o futuro e se tornar parte da transformação que a Inteligência Artificial traz ao mundo.

Seja um líder em seu setor, domine as habilidades que o mercado exige e prepare-se para o futuro com a coleção "Inteligência Artificial e o Poder dos Dados".

Esta não é apenas uma compra; é um investimento decisivo na sua jornada de aprendizado e desenvolvimento profissional.

Prof. Marcão - Marcus Vinícius Pinto

Mestre em Tecnologia da Informação.
Especialista em Inteligência Artificial, Governança de Dados e Arquitetura de Informação.

8   Os Livros da Coleção.

8.1   Dados, Informação e Conhecimento na era da Inteligência Artificial.

Este livro explora de forma essencial as bases teóricas e práticas da Inteligência Artificial, desde a coleta de dados até sua transformação em inteligência. Ele foca, principalmente, no aprendizado de máquina, no treinamento de IA e nas redes neurais.

8.2   Dos Dados em Ouro: Como Transformar Informação em Sabedoria na Era da IA.

Este livro oferece uma análise crítica sobre a evolução da Inteligência Artificial, desde os dados brutos até a criação de sabedoria artificial, integrando redes neurais, aprendizado profundo e modelagem de conhecimento.

Apresenta exemplos práticos em saúde, finanças e educação, e aborda desafios éticos e técnicos.

8.3   Desafios e Limitações dos Dados na IA.

O livro oferece uma análise profunda sobre o papel dos dados no desenvolvimento da IA explorando temas como qualidade, viés, privacidade, segurança e escalabilidade com estudos de caso práticos em saúde, finanças e segurança pública.

8.4   Dados Históricos em Bases de Dados para IA: Estruturas, Preservação e Expurgo.

Este livro investiga como a gestão de dados históricos é essencial para o sucesso de projetos de IA. Aborda a relevância das normas ISO para garantir qualidade e segurança, além de analisar tendências e inovações no tratamento de dados.

8.5   Vocabulário Controlado para Dicionário de Dados: Um Guia Completo.

Este guia completo explora as vantagens e desafios da implementação de vocabulários controlados no contexto da IA e da ciência da informação. Com uma abordagem detalhada, aborda desde a nomeação de elementos de dados até as interações entre semântica e cognição.

8.6   Curadoria e Administração de Dados para a Era da IA.

Esta obra apresenta estratégias avançadas para transformar dados brutos em insights valiosos, com foco na curadoria meticulosa e administração eficiente dos dados. Além de soluções técnicas, aborda questões éticas e legais, capacitando o leitor a enfrentar os desafios complexos da informação.

8.7   Arquitetura de Informação.

A obra aborda a gestão de dados na era digital, combinando teoria e prática para criar sistemas de IA eficientes e escaláveis, com insights sobre modelagem e desafios éticos e legais.

8.8   Fundamentos: O Essencial para Dominar a Inteligência Artificial.

Uma obra essencial para quem deseja dominar os conceitos-chave da IA, com uma abordagem acessível e exemplos práticos. O livro explora inovações como Machine Learning e Processamento de Linguagem Natural, além dos desafios éticos e legais e oferece uma visão clara do impacto da IA em diversos setores.

8.9   LLMS - Modelos de Linguagem de Grande Escala.

Este guia essencial ajuda a compreender a revolução dos Modelos de Linguagem de Grande Escala (LLMs) na IA.

O livro explora a evolução dos GPTs e as últimas inovações em interação humano-computador, oferecendo insights práticos sobre seu impacto em setores como saúde, educação e finanças.

8.10   Machine Learning: Fundamentos e Avanços.

Este livro oferece uma visão abrangente sobre algoritmos supervisionados e não supervisionados, redes neurais profundas e aprendizado federado. Além de abordar questões de ética e explicabilidade dos modelos.

8.11   Por Dentro das Mentes Sintéticas.

Este livro revela como essas 'mentes sintéticas' estão redefinindo a criatividade, o trabalho e as interações humanas. Esta obra apresenta uma análise detalhada dos desafios e oportunidades proporcionados por essas tecnologias, explorando seu impacto profundo na sociedade.

8.12   A Questão dos Direitos Autorais.

Este livro convida o leitor a explorar o futuro da criatividade em um mundo onde a colaboração entre humanos e máquinas é uma realidade, abordando questões sobre autoria, originalidade e propriedade intelectual na era das IAs generativas.

8.13   1121 Perguntas e Respostas: Do Básico ao Complexo– Parte 1 A 4.

Organizadas em quatro volumes, estas perguntas servem como guias práticos essenciais para dominar os principais conceitos da IA.

A Parte 1 aborda informação, dados, geoprocessamento, a evolução da inteligência artificial, seus marcos históricos e conceitos básicos.

A Parte 2 aprofunda-se em conceitos complexos como aprendizado de máquina, processamento de linguagem natural, visão computacional, robótica e algoritmos de decisão.

A Parte 3 aborda questões como privacidade de dados, automação do trabalho e o impacto de modelos de linguagem de grande escala (LLMs).

Parte 4 explora o papel central dos dados na era da inteligência artificial, aprofundando os fundamentos da IA e suas aplicações em áreas como saúde mental, governo e combate à corrupção.

8.14   O Glossário Definitivo da Inteligência Artificial.

Este glossário apresenta mais de mil conceitos de inteligência artificial explicados de forma clara, abordando temas como Machine Learning, Processamento de Linguagem Natural, Visão Computacional e Ética em IA.

- A parte 1 contempla conceitos iniciados pelas letras de A a D.

- A parte 2 contempla conceitos iniciados pelas letras de E a M.
- A parte 3 contempla conceitos iniciados pelas letras de N a Z.

8.15 Engenharia de Prompt - Volumes 1 a 6.

Esta coleção abrange todos os fundamentos da engenharia de prompt, proporcionando uma base completa para o desenvolvimento profissional.

Com uma rica variedade de prompts para áreas como liderança, marketing digital e tecnologia da informação, oferece exemplos práticos para melhorar a clareza, a tomada de decisões e obter insights valiosos.

Os volumes abordam os seguintes assuntos:

- Volume 1: Fundamentos. Conceitos Estruturadores e História da Engenharia de Prompt.
- Volume 2: Ferramentas e Tecnologias, Gerenciamento de Estado e Contexto e Ética e Segurança.
- Volume 3: Modelos de Linguagem, Tokenização e Métodos de Treinamento.
- Volume 4: Como Fazer Perguntas Corretas.
- Volume 5: Estudos de Casos e Erros.
- Volume 6: Os Melhores Prompts.

8.16 Guia para ser um Engenheiro De Prompt – Volumes 1 e 2.

A coleção explora os fundamentos avançados e as habilidades necessárias para ser um engenheiro de prompt bem-sucedido, destacando os benefícios, riscos e o papel crítico que essa função desempenha no desenvolvimento da inteligência artificial.

O Volume 1 aborda a elaboração de prompts eficazes, enquanto o Volume 2 é um guia para compreender e aplicar os fundamentos da Engenharia de Prompt.

8.17   Governança de Dados com IA – Volumes 1 a 3.

Descubra como implementar uma governança de dados eficaz com esta coleção abrangente. Oferecendo orientações práticas, esta coleção abrange desde a arquitetura e organização de dados até a proteção e garantia de qualidade, proporcionando uma visão completa para transformar dados em ativos estratégicos.

O volume 1 aborda as práticas e regulações. O volume 2 explora em profundidade os processos, técnicas e melhores práticas para realizar auditorias eficazes em modelos de dados. O volume 3 é seu guia definitivo para implantação da governança de dados com IA.

8.18   Governança de Algoritmos.

Este livro analisa o impacto dos algoritmos na sociedade, explorando seus fundamentos e abordando questões éticas e regulatórias. Aborda transparência, accountability e vieses, com soluções práticas para auditar e monitorar algoritmos em setores como finanças, saúde e educação.

8.19   De Profissional de Ti para Expert em IA: O Guia Definitivo para uma Transição de Carreira Bem-Sucedida.

Para profissionais de Tecnologia da Informação, a transição para a IA representa uma oportunidade única de aprimorar habilidades e contribuir para o desenvolvimento de soluções inovadoras que moldam o futuro.

Neste livro, investigamos os motivos para fazer essa transição, as habilidades essenciais, a melhor trilha de aprendizado e as perspectivas para o futuro do mercado de trabalho em TI.

8.20   Liderança Inteligente com IA: Transforme sua Equipe e Impulsione Resultados.

Este livro revela como a inteligência artificial pode revolucionar a gestão de equipes e maximizar o desempenho organizacional.

Combinando técnicas de liderança tradicionais com insights proporcionados pela IA, como a liderança baseada em análise preditiva, você aprenderá a otimizar processos, tomar decisões mais estratégicas e criar equipes mais eficientes e engajadas.

8.21   Impactos e Transformações: Coleção Completa.

Esta coleção oferece uma análise abrangente e multifacetada das transformações provocadas pela Inteligência Artificial na sociedade contemporânea.

- Volume 1: Desafios e Soluções na Detecção de Textos Gerados por Inteligência Artificial.
- Volume 2: A Era das Bolhas de Filtro. Inteligência Artificial e a Ilusão de Liberdade.
- Volume 3: Criação de Conteúdo com IA - Como Fazer?
- Volume 4: A Singularidade Está Mais Próxima do que Você Imagina.
- Volume 5: Burrice Humana versus Inteligência Artificial.
- Volume 6: A Era da Burrice! Um Culto à Estupidez?
- Volume 7: Autonomia em Movimento: A Revolução dos Veículos Inteligentes.
- Volume 8: Poiesis e Criatividade com IA.

- Volume 9: Dupla perfeita: IA + automação.
- Volume 10: Quem detém o poder dos dados?

8.22   Big Data com IA: Coleção Completa.

A coleção aborda desde os fundamentos tecnológicos e a arquitetura de Big Data até a administração e o glossário de termos técnicos essenciais.

A coleção também discute o futuro da relação da humanidade com o enorme volume de dados gerados nas bases de dados de treinamento em estruturação de Big Data.

- Volume 1: Fundamentos.
- Volume 2: Arquitetura.
- Volume 3: Implementação.
- Volume 4: Administração.
- Volume 5: Temas Essenciais e Definições.
- Volume 6: Data Warehouse, Big Data e IA.

9   Sobre o Autor.

Sou Marcus Pinto, mais conhecido como Prof. Marcão, especialista em tecnologia da informação, arquitetura da informação e inteligência artificial.

Com mais de quatro décadas de atuação e pesquisa dedicadas, construí uma trajetória sólida e reconhecida, sempre focada em tornar o conhecimento técnico acessível e aplicável a todos os que buscam entender e se destacar nesse campo transformador.

Minha experiência abrange consultoria estratégica, educação e autoria, além de uma atuação extensa como analista de arquitetura de informação.

Essa vivência me capacita a oferecer soluções inovadoras e adaptadas às necessidades em constante evolução do mercado tecnológico, antecipando tendências e criando pontes entre o saber técnico e o impacto prático.

Ao longo dos anos, desenvolvi uma expertise abrangente e aprofundada em dados, inteligência artificial e governança da informação – áreas que se tornaram essenciais para a construção de sistemas robustos e seguros, capazes de lidar com o vasto volume de dados que molda o mundo atual.

Minha coleção de livros, disponível na Amazon, reflete essa expertise, abordando temas como Governança de Dados, Big Data e Inteligência Artificial com um enfoque claro em aplicações práticas e visão estratégica.

Autor de mais de 150 livros, investigo o impacto da inteligência artificial em múltiplas esferas, explorando desde suas bases técnicas até as questões éticas que se tornam cada vez mais urgentes com a adoção dessa tecnologia em larga escala.

Em minhas palestras e mentorias, compartilho não apenas o valor da IA, mas também os desafios e responsabilidades que acompanham sua implementação – elementos que considero essenciais para uma adoção ética e consciente.

Acredito que a evolução tecnológica é um caminho inevitável. Meus livros são uma proposta de guia nesse trajeto, oferecendo insights profundos e acessíveis para quem deseja não apenas entender, mas dominar as tecnologias do futuro.

Com um olhar focado na educação e no desenvolvimento humano, convido você a se unir a mim nessa jornada transformadora, explorando as possibilidades e desafios que essa era digital nos reserva.

10 Como Contatar o Prof. Marcão.

10.1 Para palestras, treinamento e mentoria empresarial.

marcao.tecno@gmail.com

10.2 Prof. Marcão, no Linkedin.

https://bit.ly/linkedin_profmarcao

www.ingramcontent.com/pod-product-compliance
Lightning Source LLC
LaVergne TN
LVHW051702050326
832903LV00032B/3963